Gérardin
AF500404

COURS

DE MÉCANIQUE

EXPÉRIMENTALE

COURS
DE MÉCANIQUE
EXPÉRIMENTALE

A L'USAGE DES ÉLÈVES

DE L'ENSEIGNEMENT SECONDAIRE SPÉCIAL

ET

DES ÉCOLES PROFESSIONNELLES

CONTENANT

162 FIGURES INTERCALÉES DANS LE TEXTE

PAR

M. GÉRARDIN
Docteur ès sciences, Agrégé de l'Université,
Professeur de Mécanique au Collège municipal Chaptal

PARIS
LIBRAIRIE CLASSIQUE D'EUGÈNE BELIN
RUE DE VAUGIRARD, N° 52.

1869

Tout exemplaire de cet ouvrage nou révêtu de ma griffe sera réputé contrefait.

Eug. Belin

SAINT-CLOUD. — IMPRIMERIE DE Mme Ve BELIN.

AVANT-PROPOS.

Je me suis inspiré, autant que possible, dans la rédaction de ce *Cours de mécanique expérimentale*, des instructions ministérielles relatives à l'enseignement secondaire spécial.

L'expérience m'a appris l'ordre méthodique qu'il importe de suivre.

J'indique dans ce livre toutes les lois qui sont d'un emploi journalier dans l'industrie et je fais voir leurs applications.

Je n'ai pas cru devoir entrer dans de longs détails sur chacune d'elles.

Ce volume se complète naturellement par la pratique dans l'atelier, ou par les développements que le professeur donne dans ses leçons.

COURS

DE

MÉCANIQUE EXPÉRIMENTALE

NOTIONS PRÉLIMINAIRES.

DÉFINITIONS.

1. **Mouvement.** — Un corps est en mouvement, lorsque sa distance à des objets que nous considérons comme étant fixes, peut varier avec le temps.

Si ces objets sont réellement fixes, le mouvement est *absolu*; s'ils n'ont pas la fixité qu'on leur suppose, le mouvement observé n'est que *relatif*.

Nous ne connaissons, dans la nature, aucun point de repère qui soit absolument fixe. Tous les mouvements que nous pouvons observer ne sont que des mouvements relatifs.

Ainsi, un corps qui tombe semble parcourir une ligne droite qu'on appelle la *verticale*. Tel est, en effet, son mouvement relativement à la terre. Mais, pendant la durée de la chute, la terre s'est déplacée dans son orbite. Relativement au soleil, le mouvement d'un corps qui tombe sur la terre n'est pas une ligne droite. Suivons des yeux un employé qui parcourt la longueur d'un train de chemin de fer pendant que le convoi est en marche. Relativement à la locomotive, il n'a parcouru que quelques mètres. Relativement à un poteau kilométrique, il a parcouru un chemin beaucoup plus considérable.

Pour éviter des complications, on rapporte généralement les mouvements aux points de repère les plus rapprochés.

2. **Trajectoire.** — Quand un corps se déplace, chacun de ses points décrit, dans l'espace, une ligne continue qu'on appelle sa *trajectoire*. Cette ligne est *continue*, c'est-à-dire que le mobile ne peut occuper, successivement, deux positions distinctes dans l'espace, sans passer par tous les points d'une ligne droite ou courbe qui joint les deux positions.

3. **Inertie.** — Tous les corps inanimés sont *inertes,* c'est-à-dire *indifférents par eux-mêmes au repos et au mouvement.*

Un corps en repos persiste indéfiniment dans cet état de repos.

Un corps en mouvement ne peut, de lui-même, changer sa direction, accélérer, retarder ou arrêter sa marche.

4. **Forces.** — On appelle *force* toute cause capable de faire mouvoir un corps en repos, de ralentir ou d'arrêter un corps en mouvement. On ne prétend pas indiquer ainsi la cause intime du mouvement, mais la valeur numérique d'un effort fictif analogue à l'effort que nous devrions faire nous-mêmes pour produire le même effet.

Toute force capable de produire ou d'accélérer le mouvement d'un corps s'appelle *force motrice* ou *puissance.*

Toute force capable de ralentir ou d'arrêter le mouvement d'un corps s'appelle *résistance.*

Le corps entraîné par la puissance ou arrêté par la résistance s'appelle un *mobile.*

5. **Travail.** — « Le travail, c'est ce qui se paie, » a dit Montgolfier. Un homme travaille quand il lime, scie, rabote, tire de l'eau, etc. Ce que l'on paie, c'est la *résistance* qu'il a vaincue et le *chemin* qu'il a fait parcourir à cette résistance. Le travail se compose donc de deux éléments, le chemin parcouru et la force employée.

6. **Machine.** — Une machine est une pièce ou un assemblage de pièces servant à transmettre la *puissance* dont on dispose, à la *résistance* qu'on veut vaincre. Tout ce qui est outil, instrument d'agriculture ou de manufacture, en un mot, tout ce qui est au delà des dents ou des ongles, est une machine.

7. La **Mécanique** est la partie des sciences physiques qui traite du mouvement, des forces, du travail et des machines. Elle se partage naturellement en quatre parties :

1. Étude des mouvements.
2. Étude des forces.
3. Étude du travail.
4. Étude des machines.

LIVRE PREMIER.

DES MOUVEMENTS.

CHAPITRE I.

Mouvements continus, alternatifs et périodiques.

8. **Mouvement continu.** — Un mouvement est *continu,* lorsqu'il ne subit aucune modification pendant toute sa durée.

La nature nous en offre des exemples, dans le mouvement apparent du soleil et des étoiles autour de la terre.

Les mouvements continus sont très-souvent employés dans l'industrie. Le *moteur,* c'est-à-dire la machine à vapeur ou la roue hydraulique, imprime à l'arbre de couche de l'atelier un *mouvement continu* qui est ensuite transmis par les courroies aux différentes machines.

9. **Mouvement alternatif.** — Un mouvement est *alternatif,* quand il se produit successivement dans deux sens différents.

Les balanciers des horloges en sont un exemple. Les bras d'un homme qui scie du bois, qui lime ou qui manie un marteau sont animés d'un mouvement alternatif; car, alternativement, l'ouvrier les éloigne et les rapproche de lui.

Le piston, le balancier, le tiroir d'une machine à vapeur, possèdent des mouvements alternatifs.

Les mouvements alternatifs existent dans la nature; tels sont les mouvements que font les animaux pour respirer, pour voler ou pour nager.

On emploie, dans l'industrie, les mouvements alternatifs, quand la puissance ne peut parcourir qu'un chemin limité dans le même sens.

Après une course, il faut que l'outil vienne reprendre sa position première pour faire une seconde course, et ainsi de suite; on en voit des exemples dans la machine à raboter les métaux, dans la lime, la scie à la main, etc.

Ces mouvements alternatifs sont moins favorables que les mouvements continus; c'est pour cela qu'on cherche à les remplacer, autant que possible, par des mouvements continus. Dans la navigation, on a remplacé le mouvement alternatif des rames, par le mouvement continu des roues à aubes ou des hélices.

La scie circulaire et la scie à ruban ont avantageusement remplacé la scie rectiligne.

Le mouvement continu des trains de laminoirs est généralement préféré, dans les forges, au mouvement alternatif du marteau.

La substitution du mouvement continu au mouvement alternatif doit être considérée comme un progrès industriel. L'histoire des inventions et de leurs perfectionnements en fournit des exemples très-nombreux.

10. **Mouvement périodique.** — Un mouvement est *périodique*, quand il présente des temps d'arrêt plus ou moins longs. Après chaque arrêt, le mouvement peut se continuer, soit de même sens que le mouvement précédent, soit dans un sens différent.

La machine à coudre, découverte par Elias Howe, offre de beaux exemples de mouvements périodiques.

On y voit en effet que :

1° L'aiguille descend en entraînant le fil; elle perce l'étoffe et s'arrête.

2° L'aiguille étant arrêtée, un mécanisme spécial se met en mouvement, boucle le fil et s'arrête à son tour.

3° Dès que le fil est noué, l'aiguille remonte vivement et s'arrête de nouveau.

4° Un autre mécanisme fait avancer l'étoffe pour obtenir un second point à la suite du premier.

Tous ces mouvements se reproduisent périodiquement, à des intervalles d'autant plus rapprochés que la machine marche plus vite.

On trouve encore des exemples de mouvements périodiques dans les métiers à filer la laine ou le coton, dans les machines qui font de la dentelle ou du filet, dans les métiers à tisser et dans un grand nombre d'autres industries.

En général, ces mouvements périodiques ne valent pas, dans la pratique, les mouvements continus ou les mouvements alternatifs. On ne doit les employer que quand on ne peut pas trouver des combinaisons mécaniques plus favorables. Ils produisent des effets souvent surprenants, plus convenables peut-être pour des jouets scientifiques que pour une industrie sérieuse et élevée.

CHAPITRE II.

Mouvements rectilignes, circulaires, elliptiques, paraboliques, héliçoïdaux, cycloïdaux, épicycloïdaux.

11. **Mouvement rectiligne.** — Si la trajectoire du mobile est une *ligne droite* AB (*fig.* 1), le mouvement est *rectiligne*.

A ——— B

Fig. 1. — Mouvement rectiligne.

Un écolier qui règle son papier donne à son crayon un mouvement rectiligne.

Le mouvement de la navette dans le métier à tisser, le mouvement de la tête du piston dans la machine à vapeur, le mouvement du crochet dans la machine à raboter les métaux, sont des mouvements rectilignes alternatifs.

Le mouvement rectiligne est nécessairement alternatif, à cause des dimensions restreintes des machines. On le remplace, aussi souvent qu'il est possible, par le mouvement circulaire continu.

12. **Mouvement circulaire.** — Si la trajectoire du mobile est un *cercle* O (*fig.* 2), le mouvement est *circulaire*.

C'est le mouvement d'une porte qui tourne sur ses gonds, des aiguilles d'une montre, d'un objet placé sur un tour.

La nature nous en montre des exemples dans le mouvement de la terre sur elle-même, dans le mouvement des tourbillons qui se forment dans l'eau ou dans l'atmosphère.

Le mouvement circulaire, appelé aussi *mouvement de rotation,* est le plus important des mouvements que l'on puisse étudier. Il possède plusieurs propriétés très-curieuses. Ainsi, tout le monde a pu observer sa persistance qui est très-remarquable. Dans le jeu bien connu de la toupie hollandaise, la toupie de fer, lancée sur une table, parcourt cette table dans tous les sens, se heurte violemment contre les obstacles prodigués à dessein, renverse des quilles et ne s'arrête qu'après plusieurs minutes.

Les bateleurs, sur les places publiques, font tourner un plat à l'extrémité d'un bâton; le mouvement de rotation du plat persiste très-longtemps.

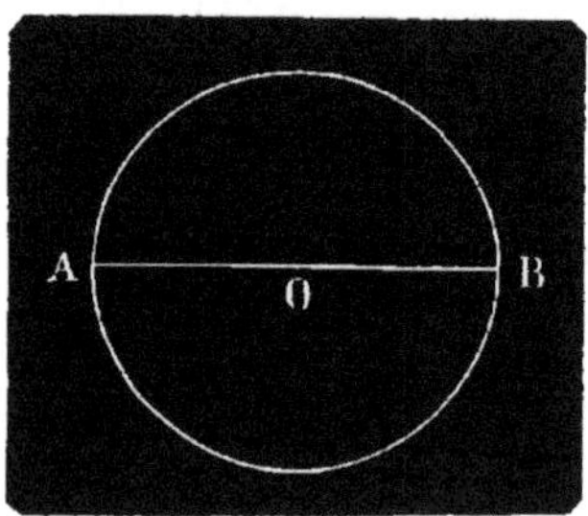

Fig. 2. — Mouvement circulaire.

Cette persistance explique pourquoi Watt s'est empressé de transformer le mouvement rectiligne alternatif du piston de la machine à vapeur en un mouvement circulaire continu du volant et de l'arbre de couche. Ce mouvement circulaire se transmet à la poulie motrice de chaque machine en particulier, et ne se transforme qu'ultérieurement, suivant la nature du travail qu'on veut produire.

13. **Mouvement elliptique.** — Si la trajectoire du mobile est une *ellipse,* le mouvement est *elliptique.* L'ellipse est une courbe plane (*fig.* 3), caractérisée par cette propriété que la somme des distances de chacun de ses points M ou N à deux points fixes F et F', appelés *foyers,* est constante.

On l'obtient en tendant, avec une pointe à tracer, un fil dont les deux extrémités sont attachées aux deux foyers F et F'.

Si les deux foyers se rapprochent l'un de l'autre, la forme de l'ellipse se rapproche de celle du cercle; s'ils s'éloignent, l'ellipse s'allonge et peut devenir une ligne droite.

Il n'existe, jusqu'à présent, aucune machine simple qui puisse tracer des ellipses variées, soit par la somme des rayons vecteurs MF, MF', soit par la distance FF' des foyers.

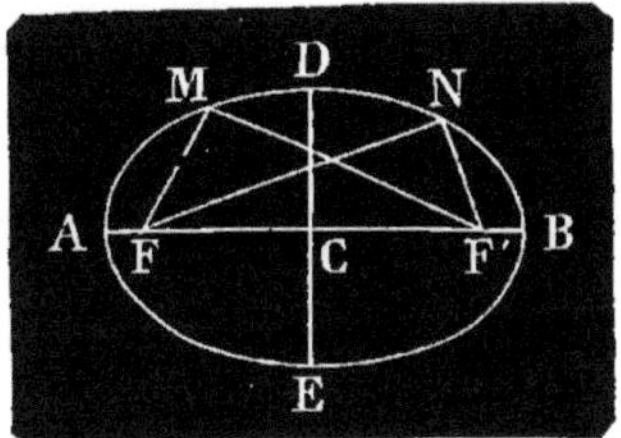

Fig. 3. — Mouvement elliptique.

Le mouvement elliptique se trouve dans la nature. Les planètes décrivent, autour du soleil, des ellipses dont le soleil est un des deux foyers.

Ce mouvement est très-rare dans l'industrie, à cause de la difficulté de l'obtenir. On y remplace généralement les ellipses, par des *ovales* obtenus en raccordant entre eux des arcs de cercle de rayons différents. Ce mouvement ovale, employé dans la fabrication des cadres et des médaillons, se rattache ainsi au mouvement circulaire.

14. **Mouvement parabolique.** — Si la trajectoire du mobile est une *parabole,* le mouvement est parabolique.

La parabole (*fig.* 4) est une courbe plane, telle que les distances de chacun de ses points M ou M' à un point fixe F appelé *foyer* et à une droite fixe AB appelée *directrice,* sont égales entre elles.

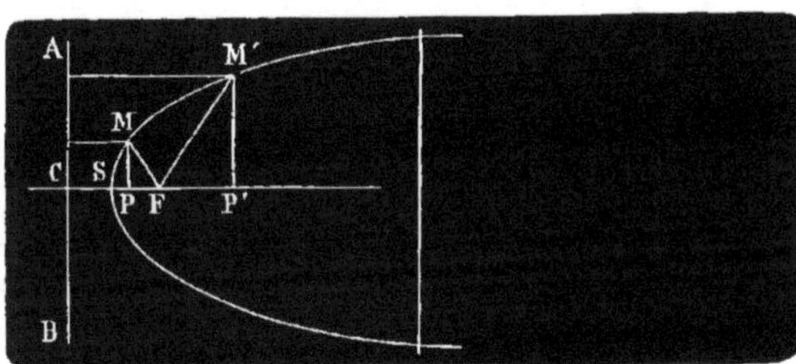

Fig. 4. — Mouvement parabolique.

L'*axe* de la parabole est la perpendiculaire FC abaissée du foyer F sur la directrice AB.

On reconnaît qu'une courbe est une parabole, à la propriété suivante :

Le carré d'une corde perpendiculaire à l'axe de la parabole est proportionnel à la distance de cette corde au sommet, c'est-à-dire quand on a l'égalité $\frac{MP^2}{PS} = \frac{M'P'^2}{P'S} = constante.$

Le mouvement parabolique est très-fréquent dans la nature. Tous les corps lancés, puis abandonnés à la pesanteur, décrivent des paraboles.

Soit une bille roulant du haut d'une rigole suffisamment inclinée AB (*fig.* 5) ; en arrivant à la partie inférieure B de la rigole,

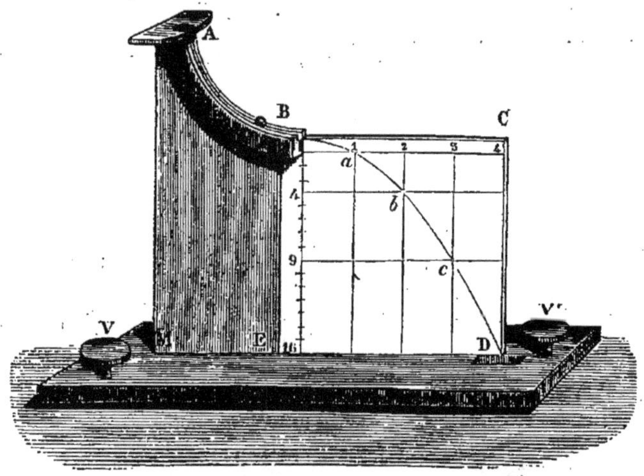

Fig. 5. — Application du mouvement parabolique.

elle tombe en décrivant une courbe parabolique *abc*D. En effet, si l'on trace cette courbe sur un tableau, on reconnaît que pour des hauteurs verticales qui sont entre elles comme 1, 4, 9, 16, la distance horizontale de la courbe à la verticale EB est proportionnelle aux nombres 1, 2, 3, 4, c'est-à-dire aux racines carrées des hauteurs.

Il en est de même pour tous les projectiles, pour les jets d'eau, etc.

L'industrie emploie rarement les mouvements paraboliques.

15. **Mouvement héliçoïdal.** — Quand la trajectoire du mobile est une *hélice*, le mouvement est *héliçoïdal* (*fig*. 6). L'*hélice* est la courbe qu'affectent les vis, les escaliers tournants, les coquilles de quelques mollusques, les feuilles disposées sur une tige, etc.

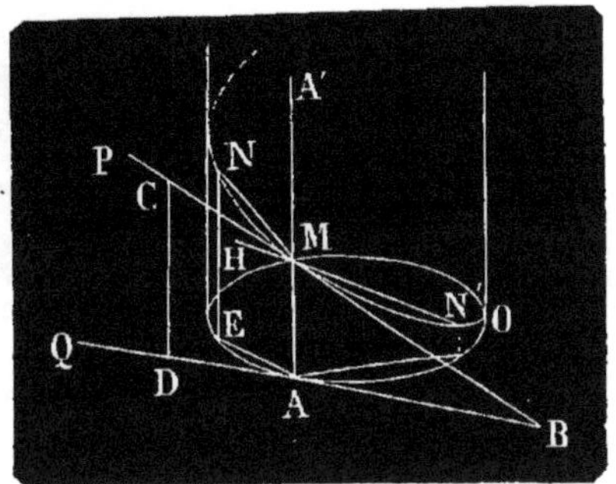

Fig. 6. — Mouvement héliçoïdal.

L'hélice NMN'O est engendrée (*fig*. 6) par un triangle rectangle MAB qu'on enroule sur un cylindre EO, auquel il est fixé par un des côtés de l'angle droit MA. L'hypoténuse MB du triangle dessine, sur le cylindre, une *hélice* MN'O qui représente le *filet* d'une vis.

La distance entre deux spires consécutives, est le *pas* de la vis. On peut faire varier, de toutes les façons possibles, les dimensions du cylindre et du triangle rectangle, de manière à obtenir : soit des hélices dont le pas est très-petit, *exemple* : le fil enroulé sur une bobine d'électro-aimant (*fig*. 7), soit des hélices dont le pas est très-allongé, *exemple* : l'armature du câble transatlantique (*fig*. 8).

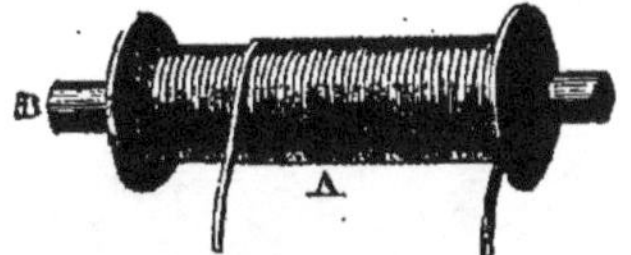

Fig. 7.— Électro-aimant.

Les applications de l'hélice deviennent de jour en jour plus nombreuses et plus importantes. Elles caractérisent les industries savantes et en progrès.

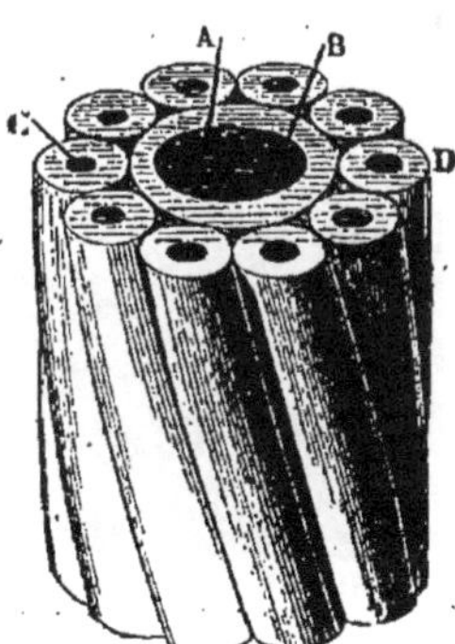

Fig. 8.
Câble transatlantique.

16. **Mouvement cycloïdal.** — Si le mobile parcourt une *cycloïde*, le mouvement est *cycloïdal*.

La cycloïde est la courbe engendrée par un point de la circonférence d'un galet AB (*fig.* 9) roulant sur une règle AA'A''. Si l'on considère

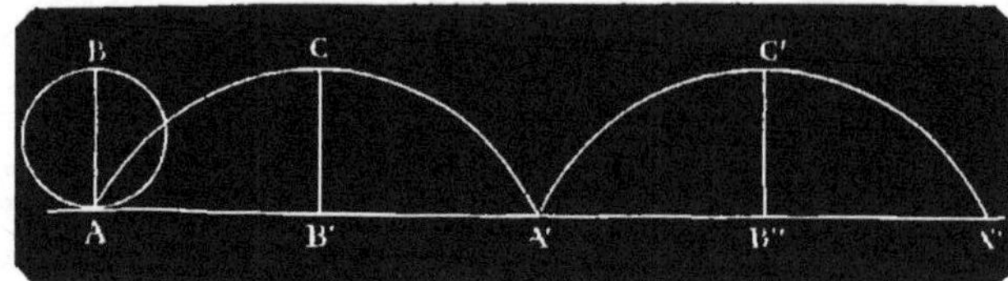

Fig. 9. — Mouvement cycloïdal.

le point A du galet qui touche la règle, on voit qu'à mesure que le galet roule, le point A s'élève. Après un demi-tour, il est arrivé à une hauteur CB' égale au diamètre du galet. Puis il redescend, en décrivant une courbe CA' symétrique de celle qu'il avait décrite dans la première moitié AC de sa course.

Cette courbe se répète A' C' A'' identique à elle-même pour chaque tour. Elle a été étudiée par un grand nombre de géomètres, principalement par Huyghens (1), l'inventeur des horloges à balancier. La cycloïde possède plusieurs propriétés remarquables.

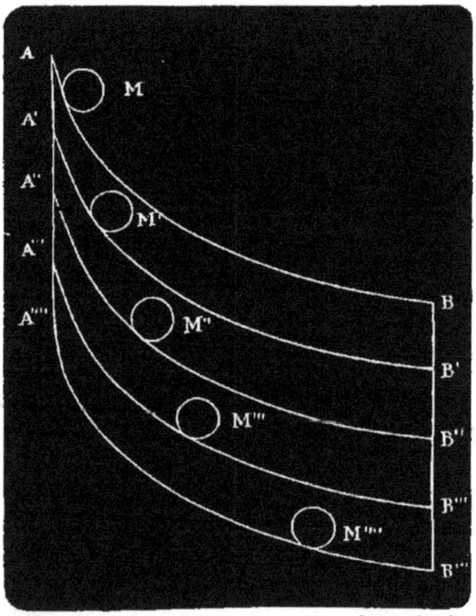

On observe que : si l'on place plusieurs billes en différents points M M' M'' M''' de cycloïdes égales AB, A'B', A''B'', A'''B''', A'''' B'''' (*fig.* 10) et qu'on les abandonne, au même moment, à l'action de la pesanteur, elles arrivent toutes en même temps au bas de la cycloïde sur la ligne verticale BB' B'' B''' B'''', bien qu'elles aient parcouru des che-

Fig. 10.—Isochronisme obtenu par la cycloïde.

(1) Huyghens, célèbre mathématicien et astronome, né à La Haye en 1626, mort en 1695.

mins très-inégaux. Cette propriété s'appelle *isochronisme*.

De plus, si l'on place à côté de la rigole cycloïdale FC deux autres rigoles (*fig.* 11) — dont l'une AB est rectiligne, dont

Fig. 11.— La cycloïde est la courbe de la plus rapide descente.

l'autre CD est en forme d'arc de cercle, — une bille b'' descend plus rapidement, en suivant la cycloïde FC, qu'en suivant tout autre chemin; l'arc de cercle CD est parcouru par la bille b' dans le même temps que sa corde AB par la bille b, et ce temps est plus long que celui qui est nécessaire à la bille b'' pour parcourir la cycloïde FC.

La cycloïde possède donc la propriété d'être le chemin de la plus rapide descente. Cette propriété est employée par les terrassiers pour retirer les terres du fond d'une tranchée. Deux ouvriers menant des brouettes s'attachent aux extrémités d'une corde passant sur une poulie fixée au niveau supérieur; le poids de l'ouvrier qui descend avec une brouette vide, aide à remonter l'ouvrier qui tient la brouette chargée. Le premier descend en suivant un arc de cycloïde, le second remonte sur un plan incliné.

Réciproquement, la cycloïde est la courbe de la plus difficile montée. En donnant à une jetée un profil cycloïdal (*fig.* 12), on

Fig. 12. — La cycloïde est la courbe de la plus difficile montée.

lui donne une grande solidité, et les vagues montent moins facilement à son sommet que si on lui donne toute autre forme.

Les chemins tracés dans les pays accidentés doivent être ménagés de manière à éviter la forme cycloïdale qui rendrait la descente dangereuse et la montée presque impossible.

17. **Mouvement épicycloïdal.** — Quand la trajectoire du mobile est une *épicycloïde*, le mouvement est *épicycloïdal*.

L'épicycloïde est la courbe ACA′ (*fig.* 13) engendrée par un

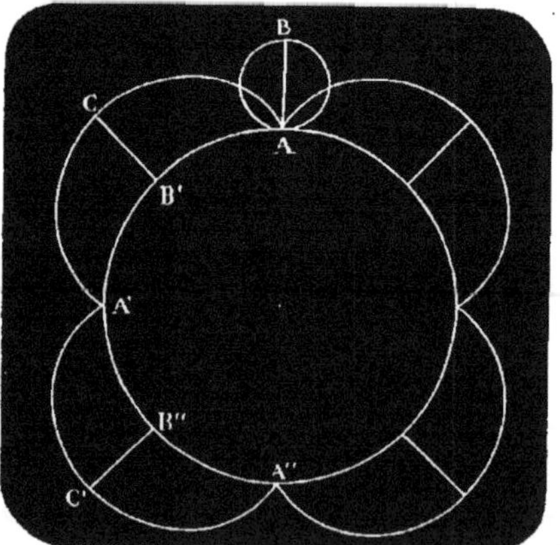

Fig. 13. — Mouvement épicycloïdal.

point A de la circonférence d'un galet AB roulant sur la circonférence AA′A″ d'une roue.

Le mouvement de la lune autour de la terre est un mouvement épicycloïdal relativement au soleil.

Toutes les planètes nous semblent décrire dans le ciel des épicycloïdes caractérisées par des stations et des rétrogradations que l'on étudie en cosmographie.

Le tracé des engrenages est une application de l'épicycloïde. La partie saillante de chaque dent, a pour profil une portion d'épicycloïde; cette disposition est nécessaire pour que les dents puissent se dégager facilement des dents de la roue avec laquelle elles engrènent.

CHAPITRE III.

Mouvement uniforme.

18. **Définition de la vitesse.** — *On appelle* VITESSE, *la longueur parcourue pendant l'unité de temps par un mobile abandonné à sa propre inertie.*

19. **Mouvement uniforme.** — *Un mouvement est uniforme quand la vitesse reste constante,* c'est-à-dire *quand le mobile parcourt des espaces égaux dans des temps égaux.*

Soit donc un mobile animé d'une vitesse égale à 3 mètres par exemple.

En	1	seconde le mobile parcourt		3	mètres.
—	2	secondes	—	2×3	—
—	3	—	—	3×3	—
—	4	—	—	4×3	—
—	10	—	—	10×3	—

L'espace parcouru est toujours exprimé par le produit de la vitesse par le temps ; de sorte que si l'on représente l'espace par la lettre e, la vitesse par v, le temps par t, on a la relation :

$$e = vt.$$

Remarque. — La formule $e = vt$ peut se représenter graphiquement. Sur une droite horizontale OP (*fig.* 14), on porte,

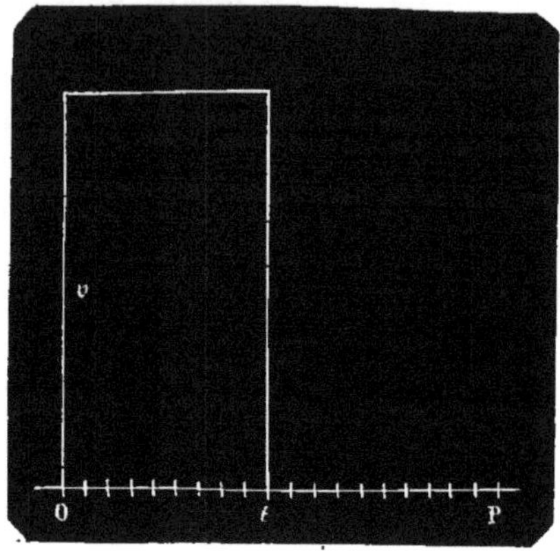

Fig. 14. — Représentation graphique du mouvement uniforme.

à partir de l'origine O, des divisions égales représentant la succession des unités de temps. Cette droite est, par exemple, la circonférence rectifiée du cadran d'une horloge : à l'origine O on élève une perpendiculaire égale à la vitesse v du mobile ; le rectangle construit sur le temps t comme base, avec la vitesse v pour hauteur, aura pour mesure vt, et, par conséquent, représentera graphiquement l'espace e.

On ne veut pas dire que ce rectangle représente la trajectoire du mobile, car la trajectoire est une ligne. On entend seulement que le rectangle vt est une figure géométrique, qui varie suivant les mêmes lois que l'espace parcouru par un mobile animé d'un mouvement uniforme.

20. **Conséquences.** — On a trouvé :

$$e = vt.$$

Dans un autre cas, on aurait de même :

$$e' = v't'.$$

Divisant ces deux égalités membre à membre, on a :

$$\frac{e}{e'}=\frac{v}{v'}\times\frac{t}{t'}.$$

De cette formule générale on tire, successivement, les trois lois suivantes :

1re Loi. Si $t=t'$ on a $\frac{e}{e'}=\frac{v}{v'}$. *Dans un même temps, l'espace parcouru est proportionnel à la vitesse.*

Exemple. Un cheval allant trois fois plus vite qu'un homme, fait trois fois plus de chemin dans le même nombre d'heures.

2e Loi. Si $v=v'$ on a $\frac{e}{e'}=\frac{t}{t'}$. *Les vitesses étant les mêmes, les espaces parcourus sont proportionnels aux temps.*

Exemple. La vitesse d'un train de chemin de fer ne changeant pas, après deux heures ce train est deux fois plus loin de la station de départ qu'après une heure de marche.

3e Loi. Si $e=e'$ on a $\frac{t}{t'}=\frac{v'}{v}$. *Les espaces parcourus étant les mêmes, le temps employé à les parcourir est inversement proportionnel aux vitesses.*

Exemple. Pour aller de Paris à Versailles, on met une demi-heure en chemin de fer. Une voiture qui va quatre fois moins vite mettra quatre fois plus de temps, c'est-à-dire deux heures.

21. **Applications.** — Le mouvement uniforme est très-fréquent dans la nature. La lumière est animée d'un mouvement uniforme dont la vitesse est de 308000 kilomètres par seconde. La vitesse du son est de 340 mètres par seconde dans l'air et de 1435 mètres par seconde dans l'eau. Un vent faible a une vitesse de 10 mètres par seconde, les ouragans ont une vitesse de 30 à 40 mètres par seconde. La vitesse du soleil autour de la terre est de 15 degrés par heure.

L'industrie emploie très-souvent les mouvements uniformes. L'aiguille des minutes de nos pendules parcourt 30 degrés en cinq minutes de temps. L'aiguille des heures parcourt 30 degrés en une heure de temps, allant ainsi deux fois plus vite que le soleil autour de la terre.

La vitesse des outils doit être constante pour obtenir un bon travail.

On fait parcourir de 7 à 8 centimètres par seconde aux outils qui servent à tourner, raboter ou mortaiser la fonte douce; 4 à 5 centimètres par seconde dans les machines à percer et à tarauder la fonte douce. On diminue ces vitesses pour la fonte dure. Pour le fer, la vitesse s'élève à 11 ou 12 centimètres dans le premier cas, et à 6 ou 7 centimètres dans le second, parce que l'outil doit être constamment humecté avec de l'eau ou de l'huile.

CHAPITRE IV.

Mouvement circulaire uniforme. — Vitesse angulaire.

22. **Vitesse dans le cas du mouvement circulaire uniforme.** — *Un mouvement circulaire est uniforme quand le mobile parcourt des arcs égaux dans des temps égaux.*

Ainsi, les aiguilles d'une pendule sont animées d'un mouvement circulaire uniforme. L'aiguille des heures, par exemple, est à 30° à droite de midi quand il est 1 heure, elle est à 60°, 90°, 120° quand il est 2 heures, 3 heures, 4 heures, et ainsi de suite.

23. **Formule du mouvement circulaire.** — Soit t le temps qu'un mobile met à faire une révolution de rayon R autour de l'axe. Le chemin qu'il parcourt dans ce temps est la circonférence $2\pi R$.

La formule du mouvement uniforme (n° 19)

$$e = vt$$

devient donc $2\pi R = vt;$

d'où $V = \frac{2\pi R}{t}$

24. **Conséquences.** — De la formule $V = \frac{2\pi R}{t}$ on tire les conséquences suivantes :

1. Si $R = o$, on a $V = o$. *Les points situés sur l'axe de rotation ont une vitesse nulle.* Et réciproquement, *les points immobiles d'un corps qui tourne sont sur l'axe de rotation.*

Cette propriété sert à trouver l'axe de rotation d'un corps placé sur un tour. Elle sert aussi à reconnaître si une ligne que l'on a tracée est droite; il suffit d'appliquer une règle contre cette ligne; si l'on peut faire tourner la règle autour de son arête sans que celle-ci se déplace, la ligne tracée est réellement une ligne droite.

2. Si R augmente, la vitesse V augmente. *La vitesse d'un mobile est d'autant plus grande qu'il est plus éloigné de l'axe de rotation.*

25. **Application.** — Quand des soldats alignés en MA font un quart de tour (*fig.* 15), on peut observer que celui qui est au centre A ne bouge pas, son voisin B avance très-lentement, le troisième C va un peu plus vite, et celui qui est en M, au point le plus éloigné du centre A, allonge le pas autant que possible.

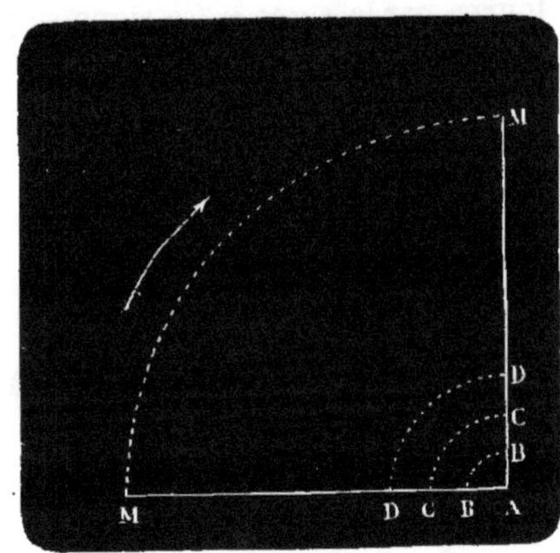

Fig. 15. — Mouvement circulaire.

26. **Vitesse angulaire.** — La vitesse des différents points

d'un même rayon étant croissante du centre à la circonférence, on a été forcé d'introduire la notion de la *vitesse angulaire* pour comparer les divers mouvements de rotation.

Si dans la formule $V = \frac{2\pi R}{t}$ on suppose $R = 1$, la formule devient

$$V = \frac{2\pi}{t}.$$

Cette quantité s'appelle la *vitesse angulaire.*

La vitesse angulaire est la vitesse d'un mobile placé à l'unité de distance de l'axe de rotation.

Elle peut s'exprimer, soit par une fraction de la longueur de la circonférence décrite avec un rayon égal à 1, soit par un certain nombre de degrés, minutes et secondes.

Ainsi, on peut dire indifféremment que la vitesse de l'aiguille des heures est de 30 degrés à l'heure, ou de $\frac{1}{12}$ de la circonférence du cadran de l'horloge.

On représente, généralement, la vitesse angulaire d'un corps qui tourne par le signe ω (ce signe se prononce *oméga*).

On a ainsi, pour la vitesse d'un corps qui tourne

$$V = \omega R,$$

pour un autre corps, on aurait de même :

$$V' = \omega' R'.$$

Divisant ces deux égalités membre à membre, il vient :

$$\frac{V}{V'} = \frac{\omega}{\omega'} \times \frac{R}{R'}.$$

27. **Conséquences.** — Cette égalité conduit à une conséquence importante par son application aux engrenages.

Quand deux roues C et C' engrènent en A (*fig.* 16), ou bien

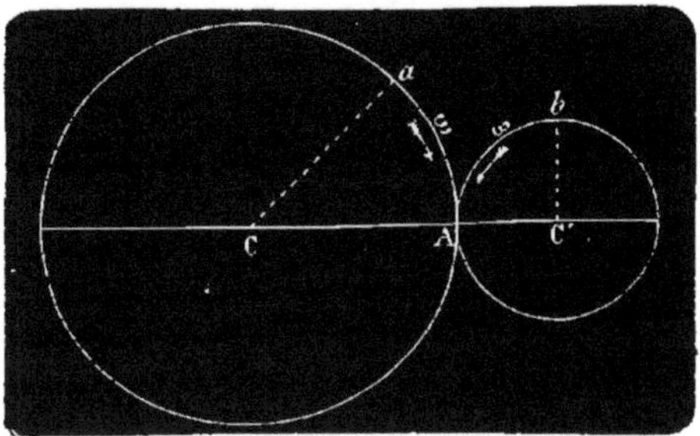

Fig. 16.— Mouvement circulaire.

quand elles sont réunies par une courroie sans fin, tangente extérieurement, ou intérieurement, leurs vitesses à la circonférence sont les mêmes; donc si

$$V = V', \text{ c'est-à-dire si arc } Aa = \text{arc } Ab,$$

l'on doit avoir :

$$\omega R = \omega' R'$$

ou, en mettant cette égalité sous forme de proportion :

$$\frac{\omega}{\omega'} = \frac{R'}{R} = \frac{AC'}{AC}.$$

Cette relation s'énonce :

La vitesse angulaire de deux roues qui engrènent, ou le nombre de tours qu'elles doivent faire dans le même temps, est inversement proportionnel à leur rayon.

28. **Applications.** — Ce théorème reçoit des applications dans toutes les industries, principalement dans la filature, où le changement de rayon d'une seule roue suffit pour changer le numéro du fil d'une quantité inversement proportionnelle. Si, par exemple, on file du n° 44 avec un pignon de

26 dents, avec un pignon de 38 dents on filera le n° $x = 30$ donné par la proportion $\frac{44}{x} = \frac{38}{26}$.

D'où l'on tire $x = \frac{44 \times 26}{38} = 30$.

CHAPITRE V.

Mouvement uniformément accéléré.

29. **Vitesse variable.** — On a vu (n° 18) que la vitesse est l'espace qu'un mobile parcourt, pendant l'unité de temps, quand il est abandonné à sa propre inertie.

Si l'on place une boule à différentes hauteurs sur un plan incliné se raccordant à un plan horizontal, et qu'on abandonne cette boule à l'action de la pesanteur, on observe qu'elle n'a pas toujours la même vitesse en arrivant au bas du plan incliné. Son inertie lui fait parcourir, sur le plan horizontal, dans une seconde, un espace d'autant plus considérable qu'elle descend d'un point plus élevé.

Un mobile peut donc avoir des vitesses différentes aux différentes périodes de sa course.

C'est ainsi qu'une machine qu'on met en mouvement n'a pas immédiatement toute sa vitesse normale, et qu'une machine qu'on veut arrêter se ralentit peu à peu.

30. **Loi des vitesses dans le cas du mouvement uniformément accéléré.** — *Un mouvement est uniformément accéléré quand sa vitesse s'augmente de quantités égales pendant chaque unité de temps.*

Soit un corps primitivement en repos.

Après	1 seconde sa vitesse est de			5^m
—	2 secondes	—	sera	2×5
—	3 —	—	—	3×5
—	4 —	—	—	4×5
—	10 —	—	—	10×5

La vitesse, après un certain temps, a pour expression le produit du temps par l'espace parcouru pendant la première unité de temps.

Si l'on appelle γ (ce signe γ se prononce *gamma*) la vitesse que le mobile possède après la première seconde, t la durée du mouvement mesurée en secondes, V la vitesse finale, on a :

$$V = \gamma t.$$

Si le temps t augmente, la vitesse V augmente dans le même rapport, d'où l'on conclut la loi suivante :

I. Loi. *La vitesse d'un mobile animé d'un mouvement uniformément accéléré croît proportionnellement au temps.*

31. **Loi des espaces.** — Pour trouver la loi des espaces, Galilée a employé la construction suivante.

Sur une droite horizontale AB (*fig.* 17); on porte, à partir d'une origine A, des longueurs égales Aa, ab, bc, cd figurant les unités de temps successives. En chacun de ces points a, b, c, d, on élève des perpendiculaires égales aux vitesses correspondantes, c'est-à-dire les perpendiculaires

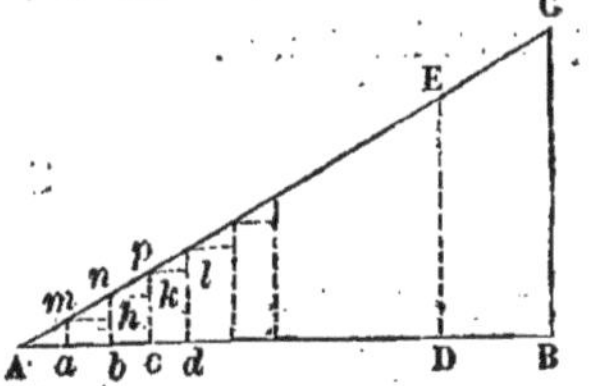

Fig. 17. Représentation graphique du mouvement uniformément accéléré.

o	am	bn	cp	BC

que nous appellerons :

o	γ	2γ	3γ	γt

correspondant aux temps :

o	1	2	3	t.

On joint les sommets de toutes ces perpendiculaires par un trait continu AC.

Cette ligne AC est droite, car les triangles rectangles A*ma*, A*bn* ayant leurs hauteurs *am* et *bn* proportionnelles aux bases A*a*, A*b*, sont semblables et ont tous, par conséquent, un angle égal au point A.

Ceci posé, supposons que la vitesse reste uniforme pendant la durée de chaque unité de temps, et qu'elle ne s'accroisse qu'à la fin de chacune de ces unités de temps, l'espace parcouru pendant les unités de temps successives sera figuré par les rectangles (19)

a m h b *bn kc* *cp ld*.

Si les divisions du temps deviennent de plus en plus petites, la somme de ces rectangles se rapprochera de plus en plus de la surface du triangle ABC. A la limite, quand les divisions du temps deviennent infiniment petites, la somme de tous ces rectangles se confond avec la surface du triangle ABC.

L'espace parcouru est donc exprimé par la surface du triangle ABC.

Ce triangle a pour mesure la moitié du produit de sa base par sa hauteur .

$$S = \frac{AB \times BC}{2}.$$

Mais AB représente le temps t et BC la vitesse correspondante γt. L'espace parcouru par un mobile animé d'un mouvement uniformément accéléré est donc :

$$e = \frac{t \times \gamma t}{2}$$

ou

$$e = \frac{1}{2}\gamma t^2;$$

d'où la loi suivante.

II. Loi. — *Les espaces parcourus par un mobile animé d'un*

mouvement uniformément accéléré, sont entre eux comme les carrés des temps employés à les parcourir.

32. **Conséquences de ces deux lois. — 1re Conséquence.** — Si, dans la formule

$$e = \frac{1}{2}\gamma t^2$$

on fait $t = 1$, la formule se réduit à :

$$e = \frac{1}{2}\gamma$$

ou

$$2e = \gamma;$$

la quantité constante γ, c'est-à-dire l'accroissement constant de la vitesse dans une seconde, s'appelle l'*accélération*.

L'accélération est le double de l'espace parcouru pendant la première unité de temps.

Ainsi l'accélération est de 10 mètres par seconde, si un corps animé d'un mouvement uniformément accéléré parcourt 5 mètres dans la première seconde de sa course.

33. **2e Conséquence.** — La construction graphique (*fig.* 18) montre que l'espace parcouru pendant la première seconde étant figuré par un triangle A*am*, l'espace parcouru pendant la deuxième seconde est figuré par un trapèze *amnb*, dont la surface est triple de celle du triangle A*am*.

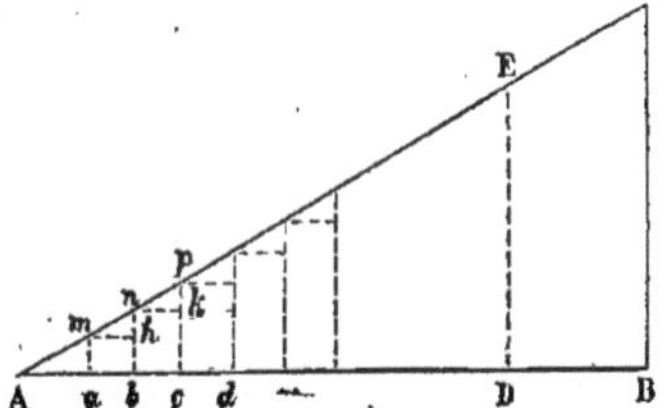

Fig. 18. — Représentation graphique du mouvement uniformément accéléré.

Les espaces parcourus pendant les secondes suivantes sont encore représentés par des trapèzes qui peuvent se décomposer en 5, 7, 9 triangles égaux à A*am*. Donc :

Les espaces parcourus pendant les unités de temps successives par un mobile animé d'un mouvement uniformément accéléré, croissent comme la suite des nombres impairs.

En d'autres termes, si les temps sont entre eux comme les nombres

$$0 \quad 1 \quad 2 \quad 3 \quad 4 \quad 5,$$

les espaces parcourus pendant chaque unité de temps sont figurés par les nombres

$$0 \quad 1 \quad 3 \quad 5 \quad 7 \quad 9;$$

et l'espace total parcouru par le mobile, depuis l'origine du mouvement, est représenté par les nombres

$$0 \quad 1 \quad 4 \quad 9 \quad 16 \quad 25,$$

c'est-à-dire par les carrés des nombres qui figurent les temps.

34. **3e Conséquence.** — Entre les deux formules

$$(1) \quad v = \gamma t$$

$$(2) \quad e = \frac{1}{2}\gamma t^2$$

on peut éliminer le temps t.

Pour cela, de l'équation (2) on tire

$$t^2 = \frac{2e}{\gamma}$$

ou

$$t = \sqrt{\frac{2e}{\gamma}}.$$

Substituant dans l'équation (1), celle-ci devient

$$v = \gamma\sqrt{\frac{2e}{\gamma}};$$

Faisant passer γ sous le radical, on a :

$$v = \sqrt{\frac{2e\gamma^2}{\gamma}}$$

et simplifiant, il vient

$$v = \sqrt{2\gamma e}.$$

Cette formule élégante et très-usitée, qui donne la vitesse en fonction de l'espace et de l'accélération, s'appelle *formule de Torricelli* (1).

35. **Applications.** — *Les corps qui tombent, suivent les lois du mouvement uniformément accéléré.* On le démontre expérimentalement en physique.

Quand un corps tombe, l'accélération γ se représente toujours par la lettre g.

Les formules relatives à la chute des corps sont :

$$v = gt$$

$$e = \frac{1}{2}gt^2$$

$$v = \sqrt{2ge}.$$

L'accélération g est égale à $9^m,808$, parce qu'un corps qui tombe, parcourt, dans la première seconde de sa chute, un espace égal à $4^m,904 = \frac{9^m,808}{2}$.

On doit se rappeler ces nombres, à cause de leurs usages. Dans la pratique du calcul, on prend souvent

$$g = 10^m \text{ au lieu de } 9^m,808$$

$$\frac{1}{2}g = 5^m \text{ au lieu de } 4^m,904,$$

ce qui abrége les calculs d'une manière notable, en leur laissant une précision suffisante.

36. **Mouvement uniformément accéléré d'un mo-**

(1) Torricelli (Evangelista), physicien, disciple de Galilée, né en 1608 à Faënza (Italie), mort en 1647.

bile déjà animé d'une certaine vitesse initiale. — On a supposé, jusqu'à présent, que la vitesse du mobile était nulle à l'origine des temps, comme dans le cas d'une pierre qui se détache d'un entablement. Il peut se faire, qu'au moment où le mouvement uniformément accéléré commence, le mobile ait déjà acquis une certaine vitesse suivant la direction du mouvement, comme une voiture déjà lancée au galop et qui s'engage sur un plan incliné.

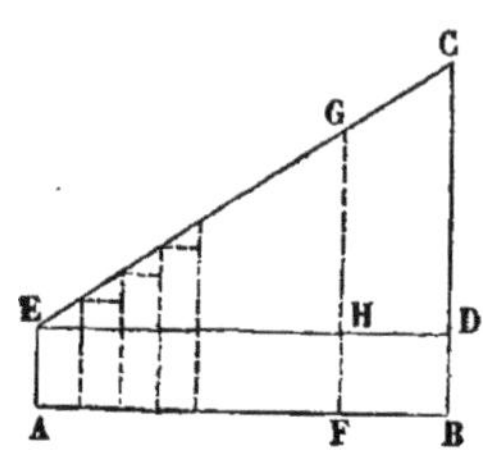

Fig. 19. — Représentation graphique du mouvement uniformément accéléré.

Si, à l'origine du mouvement uniformément accéléré, le mobile possède déjà une vitesse AE $= a$ (*fig.* 19), on a :

pour temps $= 0$	vitesse $= a$
après temps $= 1$	vitesse $= a + \gamma$
— temps $= 2$	vitesse $= a + 2\gamma$
— temps $= 3$	vitesse $= a + 3\gamma$
et généralement après temps $= t$	vitesse $= a + \gamma t$.

La formule de la vitesse est donc :

$$V = a + \gamma t,$$

c'est-à-dire que la vitesse finale est égale à la vitesse initiale augmentée de la vitesse acquise.

Pour avoir la formule des espaces, il faut, dans le tracé graphique, augmenter toutes les vitesses de la quantité AE $= a$. L'espace est alors figuré par le rectangle ABED, plus le triangle DEC. On a donc :

$$e = at + \frac{1}{2}\gamma t^2.$$

CHAPITRE VI.

Mouvement uniformément retardé.

37. **Définition.** — *Un mouvement est uniformément retardé, quand sa vitesse diminue de quantités égales pendant chaque unité de temps.*

Loi des vitesses dans le cas du mouvement uniformément retardé. — Soit un mobile animé d'une vitesse de 100 mètres par seconde au commencement de son mouvement; supposons que sa vitesse diminue de 5 mètres à chaque seconde, on a :

pour temps $= 0$	vitesse $= 100$
après temps $= 1$	vitesse $= 100 - 5$
— temps $= 2$	vitesse $= 100 - 5 \times 2$
— temps $= 3$	vitesse $= 100 - 5 \times 3$
— temps $= 4$	vitesse $= 100 - 5 \times 4$
— temps $= 10$	vitesse $= 100 - 5 \times 10.$

Généralisons, en substituant des lettres aux nombres.

Par définition, si pour

temps $= 0$	vitesse $= a,$
après temps $= 1$	vitesse $= a - \gamma,$
après temps $= 2$	vitesse $= a - 2\gamma,$

et généralement après

temps $= t$	vitesse $= a - \gamma t.$

La formule de la vitesse d'un mobile animé d'un mouvement uniformément retardé est donc :

$$v = a - \gamma t.$$

38. **Loi des espaces dans le cas du mouvement**

uniformément retardé. — Pour trouver la formule des espaces, on fera la construction graphique suivante : sur une droite horizontale AB (fig. 20), à partir d'une origine A, on porte des longueurs égales figurant les divisions du temps, et, en chaque point, on élève une perpendiculaire égale à la vitesse correspondante. On joint par un trait continu les sommets de toutes ces perpendiculaires. L'espace parcouru est ainsi figuré par le trapèze ABEC. Ce trapèze est égal au rectangle ABDE moins le triangle DEC ; on a donc :

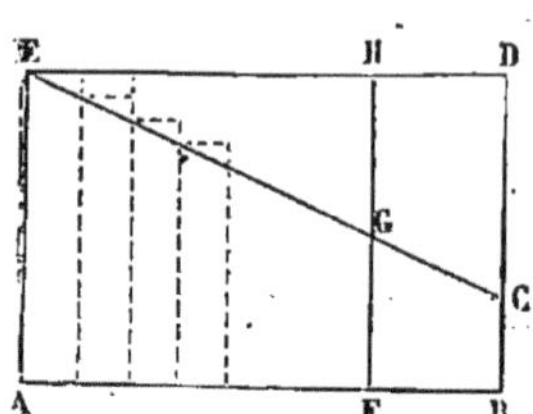

Fig. 20. — Représentation graphique du mouvement uniformément retardé.

$$e = at - \frac{1}{2}\gamma t^2.$$

39. **Remarque.** — Les égalités

$$v = a - \gamma t$$

$$e = at - \frac{1}{2}\gamma t^2$$

ne diffèrent que par le signe de γ, des relations

$$v = a + \gamma t$$

$$e = at + \frac{1}{2}\gamma t^2$$

précédemment établies pour le mouvement uniformément accéléré (36).

Le mouvement uniformément accéléré et le mouvement uniformément retardé sont donc représentés simultanément par les formules :

$$v = a \pm \gamma t$$

$$e = at \pm \frac{1}{2}\gamma t^2.$$

Ces formules sont celles du mouvement uniformément varié.

40. **Application.** — *Un corps lancé de bas en haut possède, en retombant, une vitesse égale à celle qu'il avait en montant.*

En effet, un corps lancé de bas en haut est animé d'un mouvement uniformément retardé; donc :

$$v = a - gt.$$

Ce mobile monte jusqu'à ce que sa vitesse soit nulle.

Si

$$v = o,$$

on a

$$a - gt = o;$$

d'où l'on tire

$$t = \frac{a}{g}.$$

Telle est la *durée* de son ascension.

Il parvient à la *hauteur* :

$$e = at - \frac{1}{2}gt^2.$$

Remplaçant t par sa valeur

$$e = \frac{a^2}{g} - \frac{1}{2}\frac{a^2g}{g^2};$$

simplifiant le dernier terme en supprimant g au numérateur et au dénominateur, on obtient :

$$e = \frac{a^2}{g} - \frac{1}{2}\frac{a^2}{g}.$$

d'où

$$e = \frac{1}{2}\frac{a^2}{g}$$

Telle est la hauteur à laquelle le mobile parvient.

En retombant, son mouvement devient uniformément accéléré, et il acquiert la vitesse

$$v = \sqrt{2ge};$$

remplaçant e par sa valeur

$$v=\sqrt{2g\times\frac{1}{2}\frac{a^2}{g}};$$

simplifiant, on obtient :

$$v=\sqrt{a^2}.$$

D'où :

$$v=a.$$

Donc la vitesse du mobile est, au retour, égale à sa vitesse au départ.

D'après cette loi, une bombe qui retombe verticalement a la même vitesse que celle qu'elle possédait à la sortie du canon. On peut ainsi se rendre compte de la supériorité du tir vertical sur le tir horizontal. Ces faits ont été remarqués dès la plus haute antiquité. En élevant de hautes murailles autour de leurs forteresses, les anciens augmentaient la puissance des projectiles de leurs soldats, tandis que leurs ennemis ne pouvaient leur porter que des coups affaiblis.

CHAPITRE VII.

Indépendance des mouvements simultanés.

41. Il est rare qu'un mobile ne possède qu'un seul mouvement. Généralement il en possède plusieurs en même temps.

Exemples. — Une bille qui roule sur un plan incliné possède simultanément :

1° Un mouvement rectiligne uniformément accéléré suivant la longueur du plan;

2° Un mouvement circulaire uniformément accéléré autour d'un axe perpendiculaire à la longueur du plan.

La terre possède trois mouvements principaux :

1° Un mouvement de rotation sur elle-même déterminant le jour;

2° Un mouvement de translation autour du soleil, déterminant l'année;

3° Un mouvement de balancement autour de son axe. Ce dernier mouvement détermine la précession des équinoxes, c'est-à-dire qu'il déplace lentement les pôles et doit produire l'interversion des saisons dans une période de 13,000 ans.

Pour tous les corps soumis à plusieurs mouvements, l'expérience prouve l'exactitude de la loi suivante découverte par Galilée.

42. **Loi de Galilée.** — *Le mouvement commun à plusieurs corps n'influe pas sur leurs mouvements particuliers.*

En d'autres termes :

Les divers mouvements qu'un mobile peut posséder simultanément ne peuvent ni se nuire les uns aux autres, ni se modifier les uns les autres.

Ce principe ne peut se démontrer que par l'expérience. On peut citer, à l'appui de cette loi, la marche régulière d'un chronomètre ou d'une montre malgré les mouvements variés du navire ou de l'individu qui les porte ; la marche régulière des horloges quelle que soit leur orientation. Si le mouvement de la terre influait sur elles, une horloge orientée dans le plan nord-sud cesserait d'être exacte dans le plan est-ouest.

C'est d'après le même principe, que le tir à bord d'un navire en mouvement est aussi juste que le tir à terre, et qu'un écuyer sautant bien verticalement sur la selle de son cheval, retombe en selle, quelle que soit la vitesse du cheval.

On fait, dans les cours, une expérience analogue en donnant à un chariot A (*fig.* 21) un mouvement rigoureusement uni-

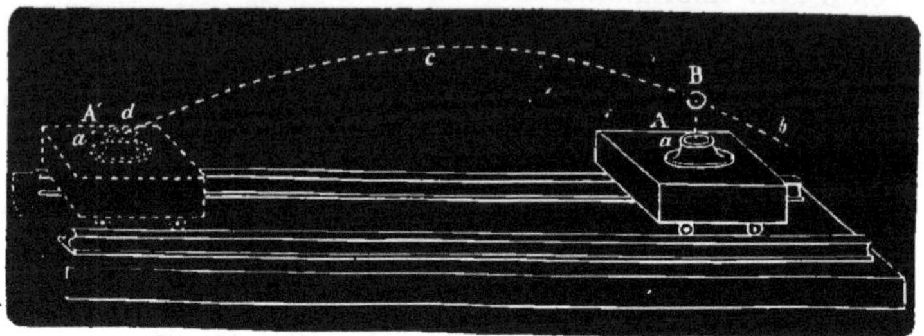

Fig. 21. — Indépendance des mouvements simultanés.

forme. Un mortier à ressort *a* porté par le chariot lance une bille B. Cette bille parcourt dans l'espace la parabole *bcd* ; elle reste sans cesse au-dessus du chariot en mouvement et retombe en *a* dans l'intérieur du mortier arrivé dans la position *a'*.

43. **Expériences de Foucault.** — Foucault a su tirer des conséquences très-remarquables du principe de l'indépendance des mouvements. Nous citerons ici trois de ses expériences.

1re Expérience. — Une tige élastique en acier AB (*fig.* 22)

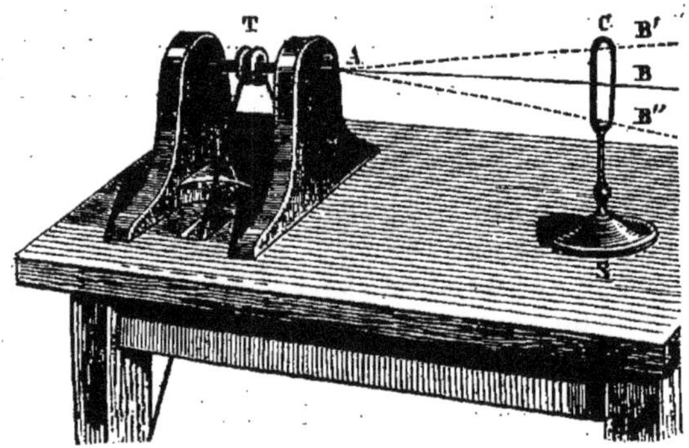

Fig. 22. — Première expérience de Foucault.

est fixée à un tour T par une de ses extrémités A ; l'autre extrémité B est engagée dans une rainure étroite C. On écarte la tige de sa position d'équilibre, elle oscille dans la rainure de B' en B". On imprime au tour un mouvement rapide de rotation, les oscillations de la tige persistent exactement dans le même plan. La tige, animée à la fois d'un mouvement oscillatoire et d'un mouvement de rotation, ne touche jamais les bords de la rainure.

2me Expérience. — On suspend un fil à plomb SA (*fig.* 23) à une potence S fixée à un plateau mobile MN. On l'écarte de la verticale et on l'abandonne à lui-même. Il se met à osciller. On note la direction du plan d'oscillation ASA' et l'on fait tourner le plateau; le mouvement du plateau, quelque rapide qu'il soit, ne peut amener le déplacement du plan d'oscillation.

Fig. 23. — Deuxième expérience de Foucault.

3me Expérience. — D'après l'expérience précédente, qu'arrivera-t-il si l'on suspend un pendule à la voûte d'un édifice et qu'on le fasse osciller dans le plan déterminé par le soleil et le fil du pendule? De deux choses l'une : ou bien le soleil est mobile et la terre est fixe; s'il en est ainsi, le plan d'oscillation du pendule, étant invariable, gardera la même position par rapport aux objets terrestres, et le soleil sortira du plan d'oscillation; ou bien le soleil est fixe et la terre est mobile, et alors le pendule restera toujours dans le même plan que le soleil et se déplacera par rapport aux objets terrestres. C'est ce dernier fait qui se produit, ainsi qu'on devait s'y attendre. Dans cette belle expérience, le mouvement de rotation de la terre devant le soleil devient parfaitement observable. M. Foucault réalisa cette expérience, dans l'intérieur du Panthéon, à Paris. Le pendule était suspendu à la coupole du dôme. Les oscillations se faisaient suivant OE (*fig.* 24) quand le soleil était à l'Est ;

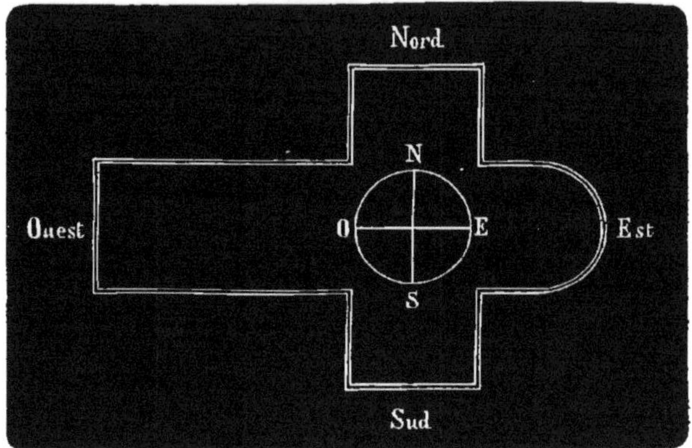

Fig. 24. — Troisième expérience de Foucault.

à midi, le plan d'oscillation était dirigé suivant NS. Le soir il était revenu dans la direction OE. Le plan d'oscillation avait donc constamment suivi le soleil dans son mouvement apparent autour de la terre. Cette démonstration est la première démonstration expérimentale rigoureuse qui ait été donnée du mouvement de la terre et de la fixité du soleil.

CHAPITRE VIII.

Résultante de plusieurs mouvements.

44. **Définitions.** — Quels que soient les mouvements plus ou moins nombreux qu'un mobile puisse posséder, ce mobile

ne pourra jamais décrire qu'*une seule trajectoire* dans l'espace. Cette trajectoire unique s'appelle la *résultante*. Les diverses trajectoires que le mobile parcourrait, s'il était animé successivement de chacun de ces mouvements, s'appellent les *composantes*.

Exemple. Quand notre main trace des caractères d'écriture, elle possède :

1° Un mouvement de haut en bas qui donne aux lettres leur hauteur;

2° Un mouvement de translation de gauche à droite qui donne aux lettres leur largeur.

Ces deux mouvements fondamentaux sont les *composantes*, le trait que nous avons tracé est la *résultante*.

45. **Une résultante peut être nulle.** — La résultante de plusieurs mouvements peut quelquefois être nulle. Un nageur, par exemple, se dirige vers un point dont le courant l'éloigne. Reculant, à chaque instant, d'une quantité égale à celle dont il s'avance, il reste en place.

Tout le monde connaît la vivacité des écureuils. Ils périssent rapidement quand on les condamne à l'inaction. On les enferme dans une cage cylindrique horizontale et mobile (*fig.* 25). Ils courent contre les parois de leur prison. La cage

Fig. 25. — Une résultante peut être nulle.

tourne. Les deux mouvements de l'écureuil et de la cage ont une résultante nulle ; l'animal reste en place malgré toute son activité.

46. **Composition et décomposition des mouvements.** — Remplacer deux ou plusieurs mouvements par leur résultante s'appelle *composer* ces mouvements, et, inversement, remplacer une résultante par ses composantes s'appelle *décomposer* un mouvement.

Dans tous les cas, on représente les composantes et la résultante par des lignes ayant pour direction la direction du mouvement, et pour longueur le chemin parcouru.

47. **Composition de deux mouvements rectilignes uniformes.** — *La résultante de deux mouvements rectilignes uniformes est la diagonale du parallélogramme construit sur ces deux mouvements.*

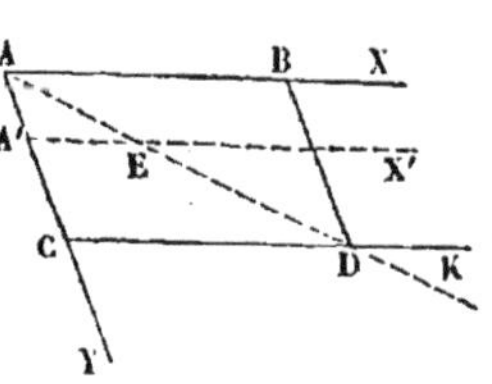

Fig. 26.
Parallélogramme des vitesses.

Un mobile se meut sur la droite AX (*fig.* 26). Il est animé d'un mouvement uniforme et arrive en B au bout du temps *t*. De plus, la droite AX se meut parallèlement à elle-même et d'un mouvement uniforme, en parcourant la droite AY. Elle prend la position CK au bout du même temps *t*. Le mobile aura ainsi deux mouvements simultanés suivant les directions AX et AY. En vertu du principe de l'indépendance des mouvements simultanés (n° 42), il se trouvera au bout du temps *t*, sur la droite CK parallèle à AX et sur la droite BD parallèle à la droite AY. Il sera donc en D intersection de ces deux lignes, à l'extrémité de la diagonale AD du parallélogramme construit sur AB et AC.

Pour aller de A en D, le mobile a parcouru la diagonale du parallélogramme ABCD. En effet, soit A'X' la position que prend la droite AX au bout d'un temps quelconque *t'*, et soit E la position du mobile sur cette droite au bout du même temps, les mouvements étant uniformes, on a (20) :

$$\frac{AA'}{AC}=\frac{t'}{t}$$

et

$$\frac{A'E}{CD=AB}=\frac{t'}{t}.$$

D'où il résulte :

$$\frac{AA'}{AC}=\frac{A'E}{AB},$$

qu'on peut écrire :

$$\frac{AA'}{A'E}=\frac{AC}{AB}.$$

Les deux triangles AA'E et ACD sont semblables, comme ayant un angle égal en A' et en C compris entre deux côtés proportionnels. Les deux angles A'AE, CAD sont donc égaux, et le point E est sur la diagonale AD.

Enfin, le mouvement du mobile sur la diagonale est uniforme, car les triangles semblables A'AE et CAD donnent :

$$\frac{AE}{AD}=\frac{AA'}{AC}$$

ou bien :

$$\frac{AE}{AD}=\frac{t'}{t}.$$

Les espaces parcourus étant proportionnels au temps employé à les parcourir, le mouvement est uniforme (20).

Cette composition de deux mouvements uniformes est souvent utilisée dans l'industrie. Ainsi, on donne souvent un mouvement de déplacement aux grues, pendant qu'elles élèvent des fardeaux. Le corps enlevé par la grue parcourt, sous l'influence de ces deux mouvements, une ligne oblique plus courte, plus rapide et moins dispendieuse que les deux composantes, l'élévation verticale et la translation horizontale.

48. **Conséquences.** — *Entre la résultante et les composantes, on trouve toutes les relations géométriques qui lient entre eux les trois côtés d'un triangle.* Ces relations s'étudient en géométrie et en trigonométrie. Nous ne les reproduirons pas ici. Il suffit de signaler l'extrême facilité avec laquelle on peut ramener la mécanique à la géométrie, et y faire pénétrer les diverses méthodes du calcul.

49. **Composition de plusieurs mouvements rectilignes uniformes dans un plan.** — *La résultante de plusieurs mouvements rectilignes uniformes dans un plan est la ligne qui ferme le polygone des vitesses.*

En effet, on peut composer les deux vitesses AB et AC (*fig.* 27) d'après la loi précédente. On a une résultante AM que l'on compose avec AD, d'après la même loi. On a une nouvelle résultante AN que l'on compose avec la vitesse AE, et ainsi de suite.

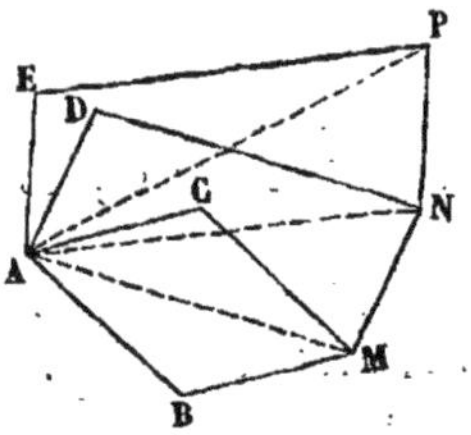

Fig. 27. — Résultante de plusieurs mouvements rectilignes uniformes dans le même plan.

On voit, sur la figure, que pour construire les divers parallélogrammes nécessaires pour cette détermination, il suffit de tracer à la suite de la droite AB une droite BM égale et parallèle à AC, puis une droite MN égale et parallèle à AD, et ainsi de suite. Ces différentes droites forment un polygone ABMNP que l'on appelle *polygone des vitesses.* La résultante est la ligne AP qui ferme ce polygone.

Si le polygone se ferme de lui-même, la résultante est nulle.

50. **Composition de deux mouvements uniformément accélérés.** — *La résultante de deux mouvements uniformément accélérés est la diagonale du parallélogramme construit sur ces deux mouvements, et cette diagonale est parcourue par le mobile avec un mouvement uniformément accéléré.*

Un mobile animé d'un mouvement uniformément accéléré suivant AB (*fig.* 28) parcourt, sur cette droite, pendant les unités de temps successives, des espaces AE, EF, FG, GB qui sont entre eux comme les nombres impairs 1, 3, 5, 7 (33). Si ce mobile est animé d'un mouvement uniformément accéléré suivant AC, il doit, dans le même temps, parcourir sur cette droite des espaces AE',E'F',F'G',G'C, qui sont aussi entre eux comme les nombres impairs 1, 3, 5, 7.

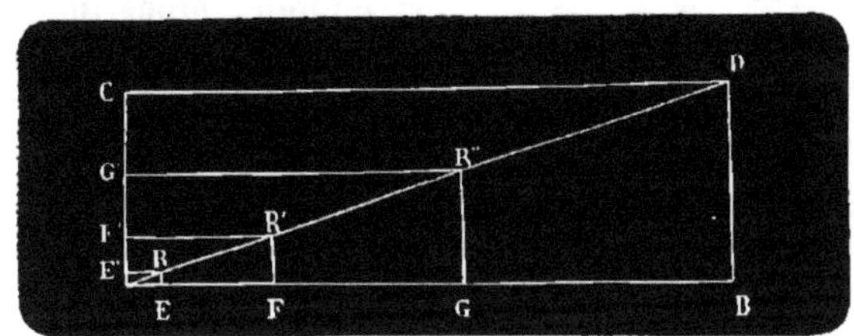

Fig 28 — Résultante de deux mouvements rectilignes uniformément accélérés.

Sous l'influence de ces deux mouvements, le mobile parcourt la ligne AD. Cette ligne est droite, car les triangles ARE AR'F sont semblables, comme ayant un angle droit égal en E et en F compris entre côtés homologues proportionnels, car on a :

$$\frac{AE}{AF}=\frac{AR}{AR'}.$$

De plus, cette diagonale est parcourue d'un mouvement uniformément accéléré, car les espaces AR, RR', R'R'', R''D sont entre eux comme les nombres 1, 3, 5, 7, puisque les triangles ARE, AR'F, AR''G, ADB sont semblables.

51. **Résultante d'un mouvement rectiligne uniforme et d'un mouvement rectiligne uniformément accéléré.** — *La résultante d'un mouvement rectiligne uniforme et d'un mouvement rectiligne uniformément accéléré est une parabole.*

Cette loi se démontre au moyen de la machine du général Morin. Cet appareil se compose essentiellement d'un cylindre vertical que l'on fait tourner d'un mouvement uniforme, au moyen d'un mécanisme d'horlogerie, et d'un poids parcourant la verticale d'un mouvement uniformément accéléré par l'action de la pesanteur. Un crayon fixé au poids laisse sa trace sur le cylindre. Après l'expérience, on fend le cylindre suivant une génératrice qui passe par l'origine, et l'on examine la courbe tracée par le crayon. On reconnaît, par la mesure directe, que le carré d'une corde perpendiculaire à la génératrice est toujours proportionnel à la distance de cette corde au sommet. Donc la courbe tracée est une parabole (14).

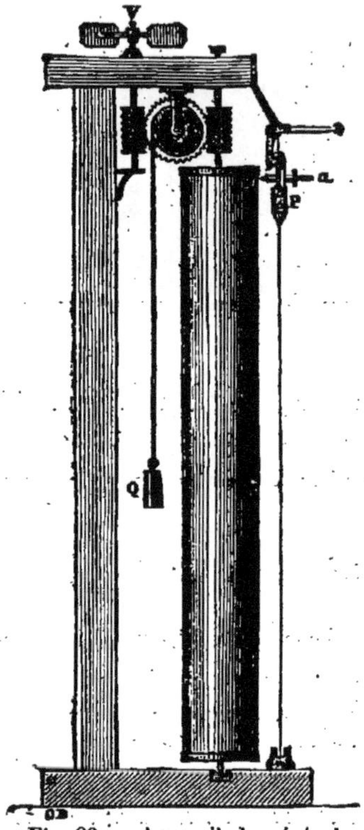

Fig. 29. — Appareil du général Morin.

Si on lance un corps sur un plan horizontal, le mobile parcourt ce plan avec un mouvement uniforme; si on le lance verticalement, on lui imprime un mouvement uniformément varié par l'action de la pesanteur. Si on lance le corps obliquement, il participe à ces deux mouvements et décrit une parabole.

Un jet d'eau étant mobile autour d'un point fixe *a* (*fig.* 30), quelle que soit l'inclinaison de l'ajutage, le jet décrit toujours des paraboles. Ces courbes présentent quelques particularités. La ligne continue qui joint les sommets de toutes ces diverses paraboles est une ellipse, et la courbe tangente à toutes ces paraboles est elle-même une parabole que l'on appelle *parabole-enveloppe* ou *parabole de sûreté*, parce que tous les points qui peuvent être atteints par le jet sont tous dans l'intérieur de cette courbe, et qu'aucun point extérieur à cette courbe ne peut être touché.

La connaissance des paraboles de sûreté est importante pour l'étude du maniement des pompes et des projectiles.

52. Résultante d'un mouvement rectiligne uniforme et d'un mouvement circulaire uniforme.

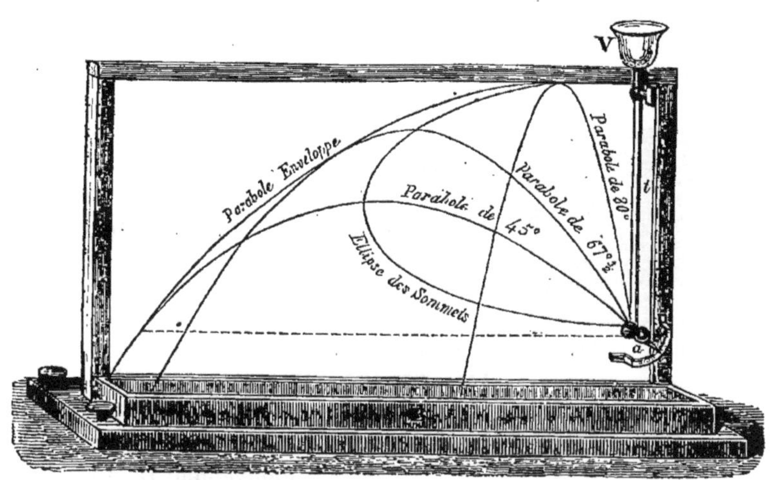

Fig. 30. — Mouvements paraboliques des jets d'eau.

1er Cas. *La résultante d'un mouvement rectiligne uniforme et d'un*

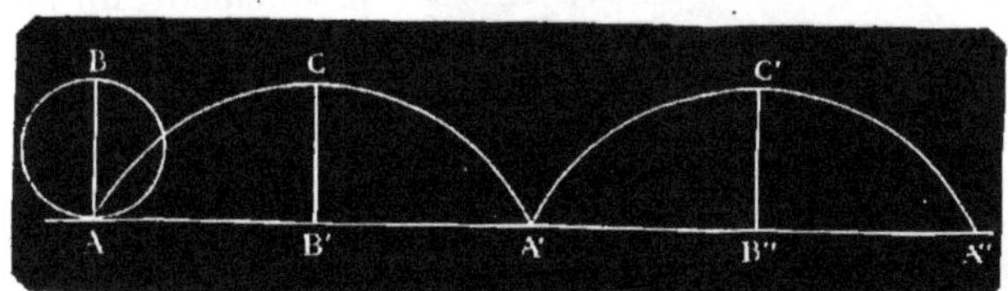

Fig. 31. — La résultante d'un mouvement circulaire uniforme, dans un même plan, est une cycloïde.

mouvement circulaire uniforme, dans un même plan, est une cycloïde.

Cette loi résulte de la définition même de la cycloïde (16), la cycloïde étant la courbe engendrée par un galet roulant sur une droite (*fig.* 31).

2me Cas. *La résultante d'un mouvement rectiligne uniforme et d'un mouvement circulaire uniforme dans un plan perpendiculaire au mouvement rectiligne, est une hélice.*

Un homme qui monte un escalier en hélice, possède un mouvement de rotation autour de l'axe de l'escalier et un mouvement rectiligne de translation suivant cet axe.

Pour faire une vis (*fig.* 32), on met à profit cette même propriété. On fait tourner le cylindre qu'on veut fileter, et on donne à l'outil un mouvement rectiligne suivant l'axe du cylindre. Plus le mouvement de rotation est rapide relativement au mouvement de translation, plus les spires sont serrées les unes contre les autres. Au contraire, les spires sont allongées quand le mouvement de translation est plus rapide que le mouvement de rotation.

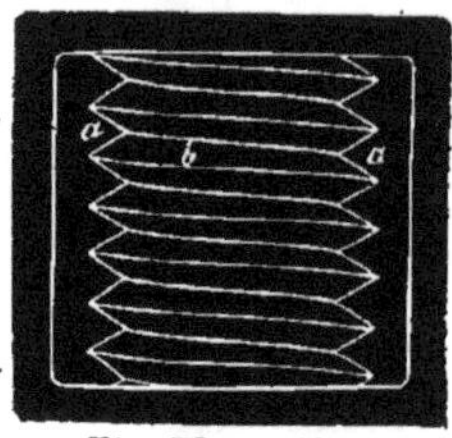

Fig. 32. — Vis.

La corrélation entre les trois mouvements rectiligne, circulaire et héliçoïdal est importante à signaler. On voit souvent un mouvement rectiligne et un mouvement circulaire se composer en donnant naissance à un mouvement héliçoïdal. Réciproquement, un mouvement circulaire et un mouvement héliçoïdal engendrent un mouvement rectiligne ; un mouvement rectiligne combiné avec un mouvement héliçoïdal engendre un mouvement circulaire.

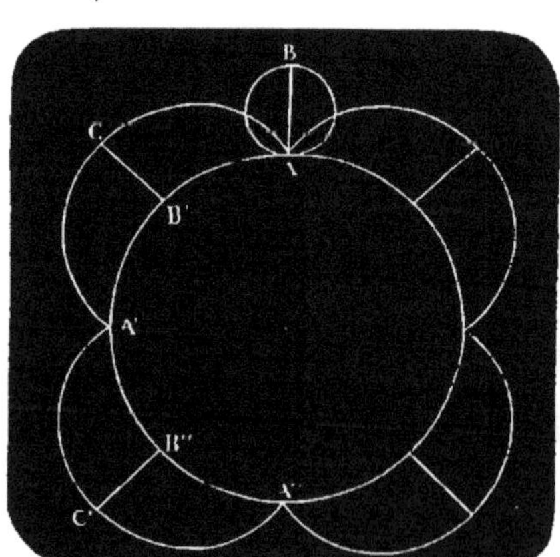

Fig. 33. — Résultante de deux mouvements circulaires uniformes dans le même plan.

53. **Résultante de deux mouvements circulaires uniformes dans le même plan.** — *La résultante de deux mouvements circulaires uniformes dans le même plan est une épicycloïde.*

Cette loi résulte de la définition même de l'épicycloïde (17) (*fig.* 33), courbe engendrée par un point de la circonférence d'un galet roulant sur une circonférence.

54. **Résultante de trois mouvements rectilignes uniformes dans l'espace.** — *La résultante de trois mouvements rectilignes uniformes dans l'espace, est la diagonale du parallélipipède construit sur ces trois mouvements.*

Dans le plan horizontal déterminé par les deux vitesses MA et MB (*fig.* 34), on obtient une première résultante MD en composant ces deux vitesses.

On mène le plan déterminé par cette résultante MD et la vitesse MC. On compose ces deux mouvements. La résultante est la ligne ME, diagonale du parallélipipède construit sur ces trois vitesses.

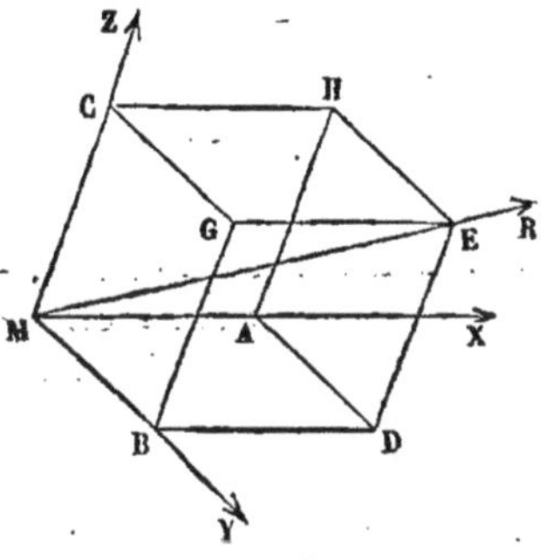

Fig. 34.
Parallélipipède des vitesses.

Les grues roulantes, dont nous parlerons plus loin dans le IVe livre, offrent de belles applications de cette composition de mouvements.

Entre la résultante et les composantes, il existe les mêmes relations mathématiques qu'entre la diagonale et les arêtes d'un parallélipipède. Ces relations s'étudient en géométrie et en trigonométrie.

55. **Conclusion.** — Les diagonales du parallélogramme et des parallélipipèdes, les paraboles, les cycloïdes, les épicycloïdes, les hélices, etc., ont été étudiées par les géomètres. Les théorèmes qu'ils ont découverts peuvent recevoir d'utiles applications dans la mécanique industrielle. Nous ne pouvons ici qu'annoncer cette union intime de la mécanique et des mathématiques, et engager les hommes spéciaux à poursuivre leurs études dans ce sens.

LIVRE II.

DES FORCES.

CHAPITRE PREMIER.

Des forces en général.

56. **Effort et forces.** — Lorsque nous agissons sur un corps pour le mettre en mouvement, sur un pendule pour l'écarter de la verticale, sur une bille pour la faire rouler sur un billard, nous avons conscience d'un *effort* que nous exerçons sur ces différents mobiles.

Le corps sur lequel nous agissons ne *résiste* pas à notre effort comme le ferait une muraille; dégagé de tous les obstacles extérieurs, il *cède* et se met de suite en mouvement.

Dans la nature, la plupart des corps se meuvent en dehors de notre action personnelle, et par des causes qui nous sont généralement inconnues. Mais, quels que soient ces mouvements, nous concevons toujours qu'ils *pourraient* être produits par des efforts analogues à nos efforts personnels.

Ces *causes fictives* du mouvement des corps, que nous substituons aux *causes réelles* inconnues, s'appellent des *forces*.

On ne doit attribuer au mot de *force* qu'un sens purement abstrait, et en écarter l'idée d'une action exercée effectivement sur les corps.

Ainsi, la cause qui détermine la chute des corps est une *force* que l'on appelle *pesanteur*. Cela ne veut pas dire que la terre *tire* les corps vers son centre, ou qu'une autre cause *pousse* les corps vers la terre. Les mots *force de la pesanteur* signifient seulement que les choses se passent *comme si* la terre tirait à elle les corps qui sont dans son voisinage.

57. **Principales forces.** — Les principales forces sont :

L'ATTRACTION UNIVERSELLE, découverte par Newton. Tous les corps s'attirent en raison directe de leur masse, en raison inverse du carré de leur distance.

LA CHALEUR, qui produit la dilatation de tous les corps, la fusion, la volatilisation. La dilatation détermine l'ascension des montgolfières, le tirage des cheminées, les courants de l'Océan, les vents et les tempêtes. La volatilisation de l'eau nous fournit la vapeur, agent moteur de presque toutes les industries.

L'ÉLECTRICITÉ, qui attire ou repousse les corps légers soumis à son influence et qui peut produire les effets mécaniques et physiologiques les plus remarquables.

Le MAGNÉTISME des aimants, auquel nous devons les télégraphes, les appareils d'induction, etc.

LA LUMIÈRE, indispensable au développement des animaux et des végétaux et à la formation des images photographiques.

L'ACTION CHIMIQUE; la combustion lente des aliments dans l'organisme animal entretient la vie de l'animal. La combustion vive de la poudre à canon lance les projectiles.

LE MOUVEMENT de l'eau des rivières fait tourner les roues hydrauliques. Celui de l'air fait tourner le moulin à vent et avancer le navire à voiles.

58. **Corrélation des forces.** — Ces différentes *forces* se transforment facilement les unes dans les autres. La chaleur se transforme en mouvement dans la machine à vapeur, en électricité dans la pile de Melloni (1), en lumière dans nos foyers.

De même, le mouvement se transforme en chaleur dans un grand nombre de nos machines, en électricité dans la machine

(1) Melloni, physicien, né à Parme (Italie), en 1801, mort en 1854, se livra à des recherches en physique qui lui valurent de nombreux succès. Ses travaux sur la chaleur resteront célèbres.

électrique de Ramsden (1), en lumière quand un projectile s'arrête brusquement sur un blindage en fer.

Et ainsi de suite pour les autres agents.

Nous pouvons donc affirmer que les différentes forces sont corrélatives. Elles sont dans la dépendance mutuelle et réciproque les unes des autres.

Aucune d'elles, dans un sens absolu, ne peut être dite la cause essentielle des autres.

Chacune d'elles peut produire toutes les autres ou se transformer directement en elles.

CHAPITRE II.

Mesure et représentation graphique des forces.

59. **Des forces et des moteurs.** — Pendant bien des siècles, on a confondu la *force* et le *moteur*. Jusqu'à la fin du siècle dernier, on employait pour représenter les forces, dans les traités de mécanique, soit un cheval qui agit sur un manége, soit une main qui tire un cordon, soit une figure d'enfant dont la bouche semble souffler (*fig.* 35 et 36).

Fig. 35. — Représentation des forces dans les ouvrages anciens (2).

(1) Ramsden (Jessé), opticien anglais, né en 1735, mort en 1786, inventa plusieurs machines, et perfectionna notamment les instruments astronomiques.

(2) D'après Van Musschenbroek, physicien, né à Leyde, auteur d'ouvrages qui se lisent encore avec intérêt.

60. **Travaux de Descartes.**— Au XVIIe siècle, Descartes (1) a su, le premier, faire abstraction de toutes les autres qualités des moteurs pour ne considérer que les forces.

Il a montré que, pour déterminer une force, il faut connaître :

I. Le point d'application de la force. C'est-à-dire le point du mobile sur lequel la force agit directement. On peut s'as-

Fig. 36. — Représentation des forces dans les ouvrages anciens (2).

surer facilement, par l'expérience, que le choix du point d'application n'est pas arbitraire. Il suffit de frapper une bille de billard en tête, en dessous, de côté ou au centre. Dans ces différents cas, des forces égales et de même direction produisent des effets très-différents.

II. La direction de la force. C'est-à-dire le sens du mouvement que la force imprime au mobile.

III. L'intensité de la force mesurée en nombres. Pour mesurer une grandeur, il faut la comparer à une grandeur de même espèce prise pour unité.

L'unité de force est le kilogramme, c'est-à-dire l'action de la pesanteur sur un décimètre cube d'eau.

(1) Descartes (René), né à La Haye (Indre-et-Loire), en 1596, mort en 1650, est aussi célèbre par ses découvertes dans les sciences que par ses travaux philosophiques.

(2) D'après Van Musschenbroek.

Les multiples de l'unité de force sont, suivant la loi de la numération décimale :

Le myriagramme	=	10	kilogrammes
Le quintal	=	100	—
La tonne	=	1000	—

Les sous-multiples sont :

L'hectogramme = $\frac{1}{10}$ de kilogramme

Le décagramme = $\frac{1}{100}$ —

Le gramme = $\frac{1}{1000}$ —

61. **Comparaison des forces aux poids.** — La comparaison des forces aux poids se fait au moyen d'appareils à ressorts élastiques appelés *dynamomètres*.

Les principaux dynamomètres sont :

Fig. 37. — Peson cylindrique à ressort.

Le peson cylindrique à ressort. — Cet instrument sert à mesurer des forces peu considérables.

Il est formé d'un ressort à boudin enfermé dans un cylindre de cuivre, EB (*fig.* 37). Un anneau métallique A est attaché à la partie supérieure du cylindre et à l'extrémité fixe du ressort. Un crochet D est fixé à la base inférieure d'un cylindre mobile dans l'intérieur du cylindre fixe. En suspendant des poids plus ou moins considérables à ce crochet, le cylindre mobile sort plus ou moins du cylindre fixe en allongeant le ressort. On trace la graduation sur la fente *ab* en suspendant successivement des poids de 1, 2, 3, 4 unités au crochet et en mettant 1, 2, 3, 4 unités aux points où le bouton E s'arrête dans la fente *ab*.

62. **Le peson.**— Cet appareil se compose (*fig.* 38) d'un ressort en acier ACB recourbé en son milieu C.—A chacune des branches on a soudé un arc de cercle qui traverse librement l'autre branche; l'arc de cercle *cd* est fixé à la branche supérieure et se termine par un crochet, l'arc de cercle *ba* est fixé à la branche inférieure et se termine par un anneau. On attache l'anneau à un point fixe, et on suspend au crochet 1, 2, 3, 4 kilogrammes. Cette charge fait fléchir le ressort. On marque sur l'arc *ab* le point où s'arrête la branche AC sous ces différentes charges. Une force qui déterminerait la même flexion qu'un poids connu serait égale à ce poids.

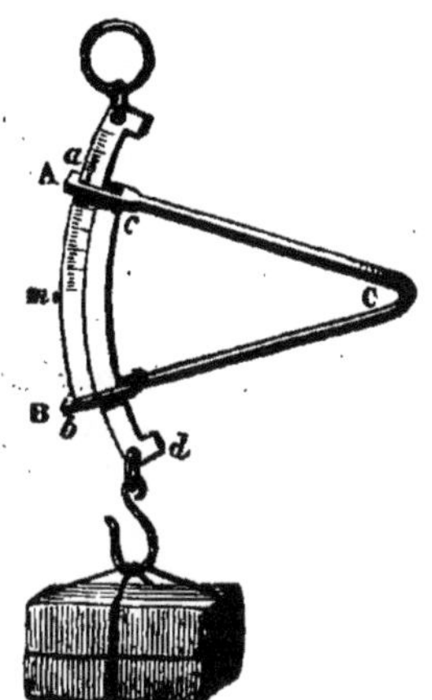

Fig. 38. — Peson.

63. **Le dynamomètre de Regnier** (1) sert à mesurer des forces de traction ou de compression supérieures à 10 kilogrammes.

Une lame flexible en acier NL est courbée en ellipse (*fig.* 39). Les deux parties N et L se rapprocheront l'une de l'autre, soit quand on fera agir une force de compression perpendiculairement à leur direction, soit quand on fera agir une force de traction suivant leur longueur.

Un levier fixé à la lame N presse sur une aiguille A portée par la lame L. Le rapprochement des deux lames fait déplacer l'aiguille devant un cercle divisé BC. On trace généralement deux gra-

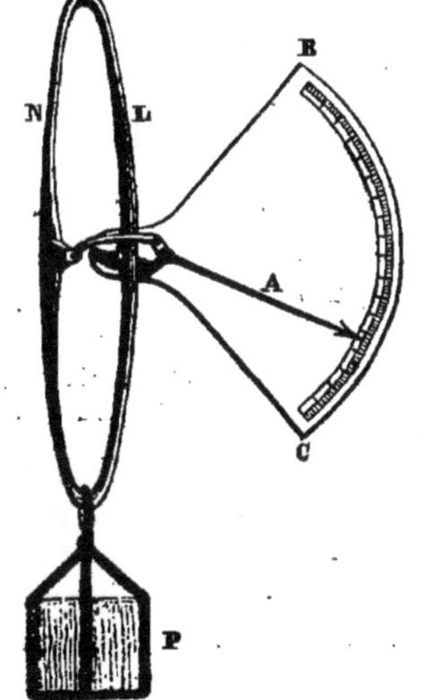

Fig. 39. — Dynanomètre de Regnier.

(1) Regnier (Edme), mécanicien, né en 1751, à Semur, mort en 1825, inventa plusieurs instruments, notamment le *dynamomètre* qui porte son nom.

duations sur ce cercle, l'une correspond aux forces de traction exercées suivant la longueur du dynamomètre, l'autre correspond aux forces de compression agissant suivant la largeur du dynamomètre.

Les divisions marquées, sur l'un ou l'autre des deux arcs de cercle, ne sont pas proportionnelles aux forces qui agissent sur cet appareil.

64. **Dynamomètre de Poncelet.** — Poncelet a modifié heureusement le dynamomètre de Regnier en rendant la flexion proportionnelle à la force qui la détermine. Deux lames N et L (*fig.* 40) articulées à leur extrémité à de petites bielles *a*,*b* forment ce dynamomètre; la lame L porte l'anneau qui sert à fixer l'instrument. L'autre lame N porte le crochet C sur lequel la force P doit agir. Ces deux lames sont munies, à l'intérieur du système, de deux règles graduées AB pouvant glisser l'une sur l'autre. L'écartement des deux lames se lit sur ces règles que l'on a graduées en chargeant le crochet de poids connus.

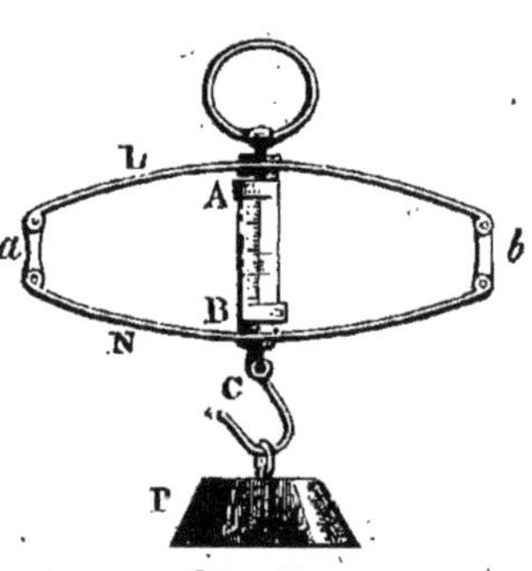

Fig. 40.
Dynamomètre de Poncelet.

65. **Dynamomètre à indications graphiques, du général Morin.**— Le général Morin a perfectionné le dynamomètre de Poncelet, en y ajoutant un mécanisme destiné à enregistrer les variations que les forces peuvent éprouver. Il a muni (*fig.* 41) d'un crayon *b* et *a* chacune des deux règles N et N′ fixées aux ressorts AB et CD du dynamomètre de Poncelet. Si l'on ne fait agir aucune force, les deux crayons tracent deux traits parallèles sur une feuille de papier FE, qu'un mouvement d'horlogerie renfermé dans la caisse G fait dérouler. Si l'on fait agir une force, les deux crayons *a*,*b* s'écartent l'un de l'autre, d'autant plus que la flexion est

plus forte; après l'expérience on trouve, sur la feuille de papier

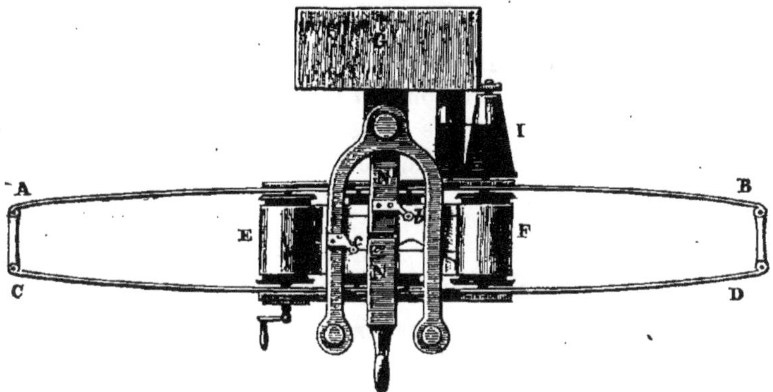

Fig. 41. — Dynamomètre à indications graphiques.

déroulée, deux traits sinueux laissés par les crayons.

Pour faire le total de ces variations, il faudrait mesurer, en chaque point, la distance des deux traits et prendre la moyenne de toutes ces observations. On simplifie beaucoup cette recherche, en employant la méthode des pesées. On a reconnu, par exemple, qu'une force de 1000 kilog. éloigne les deux crayons de 1 décimètre l'un de l'autre. Les indications étant proportionnelles aux forces, chaque écartement de 1 centimètre correspondra à 100 kilogrammes. On pèse une certaine longueur de papier ayant 1 décimètre de largeur et on note son poids. Soit P ce poids. On découpe alors la bande sinueuse tracée par les deux crayons, on pèse de nouveau; on trouve un poids P'. On a la proportion:

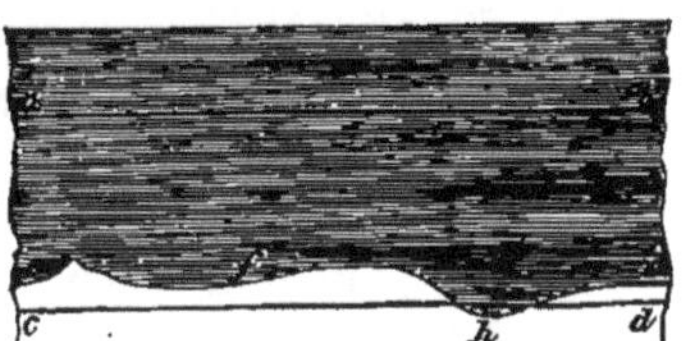

Fig. 42. — Tracé graphique donné par le dynamomètre.

$$\frac{P}{P'} = \frac{1000 \text{ kilog.}}{x \text{ kilog.}}$$

La valeur de x tirée de cette proportion donne la traction moyenne exercée sur le dynamomètre.

66. **Dynamomètre de rotation.** — Le général Morin a employé un procédé analogue pour mesurer les forces qui agissent sur des poulies. La poulie qui reçoit l'action de la puissance et celle sur laquelle on fait agir la résistance, sont réunies l'une à l'autre par une lame flexible en acier; la flexion de cette lame est encore indiquée par des crayons laissant leur trace sur une feuille de papier déroulée par un mouvement d'horlogerie.

Représentation graphique des forces.

67. **Méthode de Descartes.** — Une force étant déterminée par son *point d'application*, sa *direction* et son *intensité* mesurées au moyen du dynamomètre, Descartes a eu l'idée de la représenter graphiquement par une *ligne droite*. Cette droite a pour *origine* le point d'application de la force. On suppose toujours que les forces tirent et non pas qu'elles poussent le mobile.

La *direction* de cette droite est la direction de la force, c'est-à-dire la direction du mouvement que cette force produit.

La *longueur* de cette droite est proportionnelle à l'intensité de la force.

Au moyen de cette notation, on représente parfaitement les forces, et on peut remplacer tous les théorèmes sur les forces par les théorèmes sur les lignes. La géométrie, la trigonométrie, l'algèbre s'introduisent ainsi naturellement dans l'étude des forces, et fournissent un nombre très-considérable de lois et de relations que l'expérience seule n'aurait jamais pu faire découvrir. Cette voie est celle que l'on suit le plus généralement depuis un siècle. Il faut remonter au XVIIe siècle pour retrouver l'origine expérimentale et physique de la mécanique.

CHAPITRE III.

Mode d'action des forces.

68. Ce chapitre renferme cinq lois fondamentales relatives au mode d'action des forces, c'est-à-dire à la manière dont les forces agissent.

I. Loi.

Loi de réaction (découverte par Newton) (1). —

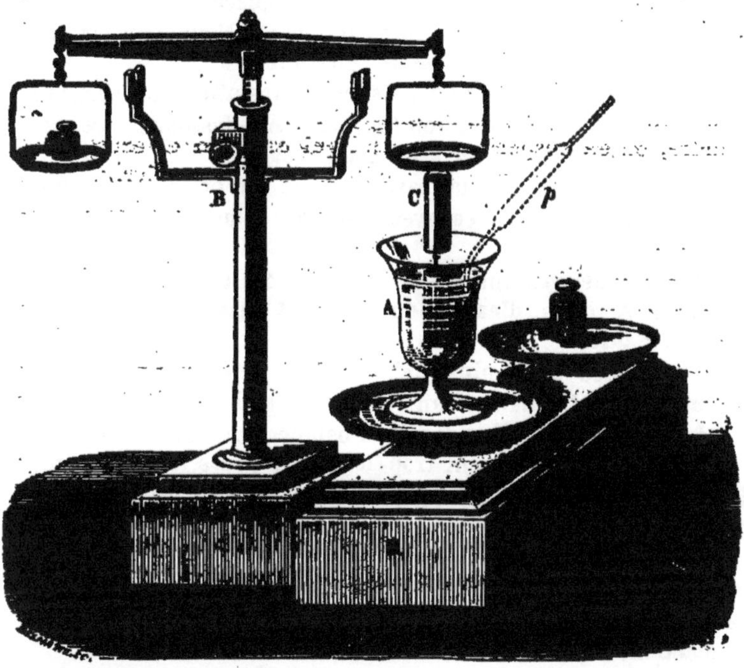

Fig. 45. — Démonstration de l'égalité entre l'action et la réaction.

(1) Newton Isaac, mathématicien, physicien et astronome, né à Woolsthorpe (Angleterre), mort en 1727, a laissé un nom célèbre : il est l'auteur de découvertes nombreuses et importantes.

Toutes les fois qu'un fait de mouvement se produit dans la nature, il y a, quelque part, un autre fait inverse du précédent qui se produit ou tend à se produire dans le même temps.

L'usage a consacré l'énoncé suivant de cette loi. *Toutes les fois qu'une force agit, il se produit une réaction égale et contraire à l'action de la force.*

Ce principe ne se démontre que par l'observation et l'expérience. On peut prendre pour exemple tous les cas imaginables d'action d'une force.

Nous choisissons le *principe d'Archimède* (1). On a vu, en physique, que tout corps plongé dans un liquide éprouve, de la part de ce liquide, une poussée qui lui fait perdre une partie de son poids égale au poids du liquide déplacé. L'*action* est ici la poussée du liquide sur le corps immergé. Nous nous proposons de déterminer la *réaction* de cette force.

A l'un des bassins d'une balance hydrostatique on suspend un cylindre creux C en laiton (*fig.* 43). Au-dessous de ce cylindre, on en suspend un second qui est plein et exactement de même volume que la partie creuse du premier. On fait équilibre à ces cylindres avec une tare placée dans l'autre bassin.

Sur l'un des bassins d'une balance de Roberval, on place un vase A plein d'eau auquel on fait aussi équilibre avec une autre tare.

L'expérience étant ainsi préparée, au moyen du pignon B on fait descendre dans l'eau le cylindre plein, jusqu'à ce qu'il soit immergé. L'équilibre des deux balances est aussitôt rompu; les cylindres C deviennent trop légers, le vase A trop lourd. La poussée de l'eau sur le cylindre immergé est l'*action*, l'augmentation du poids du vase est la *réaction* contraire à l'action.

Avec une pipette P on retire une certaine quantité d'eau jusqu'à ce que l'équilibre de la balance de Roberval (2) soit rétabli. Le poids de l'eau qu'on retire exprime l'intensité de la réaction.

(1) Archimède, illustre géomètre, né à Syracuse (Sicile), en 287 av. J.-C., mort en 212.

(2) Roberval (Personier de), né en 1602, à Roberval (Beauvaisis), mort en 1675, a résolu de nombreuses questions scientifiques; il est l'inventeur de la balance qui porte son nom.

On verse cette eau dans le cylindre creux, l'expérience montre qu'elle le remplit exactement et que l'équilibre de la balance hydrostatique est aussi rétabli.

Donc l'action est égale à la réaction, chacune de ces deux forces étant égale au poids de l'eau déplacée par l'immersion du cylindre plein.

69. **Application de la loi de réaction.** — Si l'aimant attire le fer, par réaction le fer attire l'aimant; c'est pour cela que deux nacelles portant l'une un aimant, l'autre un morceau de fer, restent en place sur un bassin. S'il n'y avait pas de réaction, le fer sans cesse attiré chasserait l'aimant devant lui.

Si l'on se place dans une voiture et qu'on presse avec la main sur la partie antérieure, on ne peut pas faire avancer la voiture. Car si la main exerce une pression d'arrière en avant, les pieds de l'opérateur exercent une réaction égale et contraire, d'avant en arrière.

Quand un projectile est lancé, la réaction imprime un mouvement de recul au corps qui renfermait le projectile. De là le recul des armes à feu, le mouvement du tourniquet hydraulique, les feux d'artifice tournants, les tourniquets à gaz.

On peut répéter cette expérience dans les cours et lui donner beaucoup d'éclat, en faisant écouler, par le tourniquet, de l'hydrogène comprimé qui entraîne de la limaille d'acier ou de magnésium. On allume le gaz, la limaille métallique répand une vive lumière en brûlant, et le mouvement de rotation du tourniquet étale la flamme sur une surface circulaire de grand diamètre.

70. II. Loi. — *Les forces de la nature ne sont pas instantanées.* La vitesse qu'une force imprime à un mobile augmente avec la durée de son action, et il n'existe pas de force qui puisse, dans un temps infiniment court, imprimer à un mobile une vitesse infiniment grande.

71. III. Loi. — *L'effet d'une force est indépendant de l'état de repos ou de mouvement du corps qu'elle sollicite.*

Soit, en effet, un corps soumis à l'action de la pesanteur.

On trouve, par expérience, que la vitesse d'un corps qui tombe est de

$$9^m{,}808 \qquad 2\times 9^m{,}808 \qquad 3\times 9^m{,}808$$

après

1 2 3 secondes de

chute; la vitesse s'augmente donc de la quantité constante $9^m{,}808$ à chaque seconde, quelle que soit la vitesse au commencement de cette seconde.

72. IV. Loi. — *Une force qui agit constamment sur un mobile lui imprime un mouvement uniformément varié.*

Cette loi est une conséquence de la loi précédente. En effet, si pendant chaque seconde la force imprime au mobile un accroissement de vitesse que nous appellerons g, après t secondes, la vitesse est :

$$v = gt.$$

Mais on a démontré précédemment que si $v = gt$, les espaces sont exprimés par la formule

$$e = \frac{1}{2} gt^2.$$

Ces formules sont caractéristiques du mouvement uniformément varié (30 et 31).

Observation. — Dans les usines, la machine à vapeur agissant comme force constante doit donner un mouvement uniformément accéléré. Mais la résistance des outils agissant comme force constante de sens inverse doit retarder uniformément le mouvement. Ces deux causes se neutralisent généralement et le mouvement devient uniforme. Donc, si nous avons pu avancer que : *par son inertie, un mobile se meut d'un mouvement uniforme* (3), la réciproque de cette proposition n'est pas toujours vraie. De ce qu'un mobile est animé d'un mouvement uniforme, il ne faut pas s'empresser de conclure qu'il est abandonné à l'inertie.

73. Ve Loi. — *Les forces sont entre elles comme les accélérations qu'elles produisent.*

Cette loi se démontre expérimentalement au moyen de la machine d'Atwood (1), décrite dans le cours de physique. Sur une poulie très-mobile on enroule un fil de soie terminé par deux contre-poids égaux. Ces contre-poids pèsent chacun 100 grammes, par exemple, et sont formés de rondelles de cuivre pesant chacune 10 grammes.

On fait passer une rondelle du contre-poids inférieur Q sur le contre-poids P. Le premier pèse ainsi 90 grammes, tandis

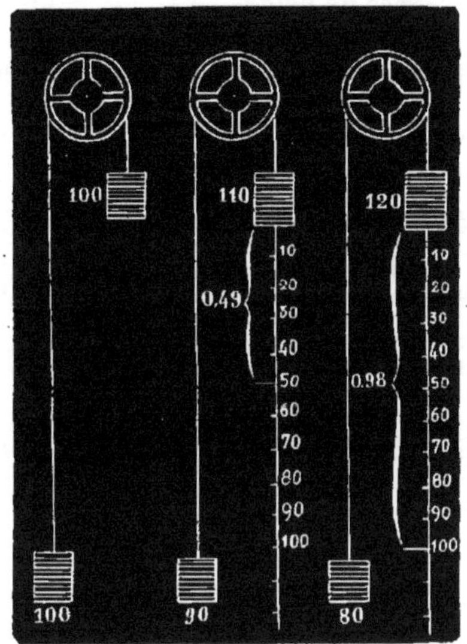

Fig. 44.
Les forces sont entre elles comme les accélérations qu'elles produisent.

que le second pèse 110 grammes. La différence de poids est de 20 grammes. Cette différence de poids met l'appareil en mouvement. On arrête après une seconde de chute. L'expérience montre que P a parcouru dans ce temps $0^m,49$; son

(1) Atwood (George), physicien anglais, né en 1745, mort en 1807, est l'inventeur de la machine qui porte son nom et qui sert à la démonstration de diverses lois.

accélération étant le double du chemin parcouru sera $0^m,98$ par seconde.

On fait passer une seconde rondelle, du contre-poids inférieur sur le contre-poids supérieur. L'expérience donne :

Différence de poids $= 40$ gr.
Chemin parcouru en 1″ $= 0,98$
Accélération correspondante $= 1,96$.

Opérant de même, en faisant passer une troisième rondelle, on trouve par expérience :

Différence de poids $= 60$ gr.
Chemin parcouru en 1″ $= 1,47$
Accélération correspondante $= 2,94$.

Et ainsi de suite, jusqu'à ce que toutes les rondelles aient été mises sur le contre-poids supérieur. L'expérience donne alors :

Différence de poids $= 200$ gr.
Chemin parcouru en 1″ $= 4,904$
Accélération correspondante $= 9,808$.

Comparant les résultats de cette expérience, on voit que la proportion

$$\frac{20}{0,98} = \frac{40}{1,96} = \frac{60}{2,94} = \ldots\ldots = \frac{200}{9,808}$$

est satisfaite.

C'est-à-dire que, quand la différence de poids devient double, triple, quadruple, l'accélération correspondante devient double, triple, quadruple, ce qu'on exprime par la formule

$$\frac{p}{A} = \frac{p'}{A'} = \frac{p''}{A''} \ldots\ldots = \frac{P}{g};$$

$p\ p'\ p''$ P étant les forces qui déterminent le mouvement, $A\ A'\ A''$ ..... g étant les accélérations correspondantes.

Donc : *les forces sont entre elles comme les accélérations correspondantes.*

74. — Cette loi est quelquefois en défaut, dans la pratique, par suite des conditions particulières dans lesquelles se trouvent les forces motrices.

Ainsi, de ce qu'un cheval peut imprimer à un fardeau une vitesse de 1 mètre par seconde, il n'en faut pas conclure que 100 chevaux donneraient à ce même fardeau une vitesse de 100 mètres par seconde. Un gramme de poudre donnant à une balle une certaine vitesse et la lançant à une certaine hauteur, une plus grande quantité de poudre ne chassera pas la même balle au delà des limites de notre atmosphère.

CHAPITRE IV.

Masse.

75. **Notion de la masse.** — On a vu, dans le chapitre précédent (73), que les forces sont entre elles comme les accélérations qu'elles produisent sur un même corps, et on a établi la suite d'égalités :

$$\frac{p}{A}=\frac{p'}{A'}=\frac{p''}{A''}=\ldots\ldots=\frac{P}{g}.$$

Soit m le quotient constant du nombre qui mesure la force, par le nombre qui mesure l'accélération, on a :

$$\frac{p}{A}=m$$

$$\frac{p'}{A'}=m$$

$$\frac{p''}{A''}=m$$

$$\frac{P}{g}=m.$$

D'où, en chassant les dénominateurs,

$$p = mA$$
$$p' = mA'$$
$$p'' = mA''$$
$$\ldots\ldots\ldots$$
$$P = mg.$$

On en conclut qu'une force quelconque $p, p', p'' \ldots P$, a pour expression le produit de la quantité m constante pour un même corps, par l'accélération $A, A', A'', \ldots\ldots g$ correspondante.

Cette nouvelle manière d'exprimer les forces est très-souvent employée.

La quantité m, constante pour un même corps, s'appelle la *masse* de ce corps.

On dit que deux corps ont des *masses égales*, lorsque des forces identiques leur donnent des vitesses égales.

76. **Mesure des masses.** — De l'une des relations fondamentales :

$$p = mA$$
$$p' = mA'$$
$$P = mg$$

on peut tirer la valeur de m, quand la force et l'accélération correspondantes sont connues. Généralement, on se sert de la dernière relation $P = mg$,

d'où il vient :

$$m = \frac{P}{g},$$

P étant le poids du mobile, g étant l'intensité de la pesanteur que nous savons être égale à $9^m,808$ à Paris.

77. **Unité de masse.** — Pour avoir une masse égale à 1, il faut que $P = g$ dans l'expression $m = \frac{P}{g}$. Comme $g = 9^m,808$, à Paris, l'unité de masse correspond à un poids égal à $9^k,808$.

78. **Comparaison des masses.**—Ayant, pour un corps :

$$\frac{P}{g} = m,$$

on aurait pour un autre corps :

$$\frac{P'}{g'} = m'.$$

Divisant en deux égalités membre à membre, on obtient :

$$\frac{m}{m'} = \frac{P}{P'} \times \frac{g'}{g}.$$

Si l'on opère dans un même lieu, l'intensité de la pesanteur reste constante ; donc $g' = g$ et la relation devient :

$$\frac{m}{m'} = \frac{P}{P'}.$$

Ce que l'on énonce : *Dans un même lieu, les masses de deux corps sont proportionnelles à leurs poids.*

79. **Observation.** — On évite souvent d'introduire dans la pratique la considération des masses. On remplace les masses par les poids, dont la notion nous est plus familière.

Il est cependant certains cas où l'on est obligé de considérer les masses et non pas les poids.

Un morceau de fer, par exemple, indique au dynamomètre une augmentation de poids, quand on lui présente un aimant. La masse du fer reste constante et son poids a changé.

Ces considérations ont conduit à dire que *la masse est la quantité de matière qu'un corps renferme.*

On comprend sans peine, en effet, que deux décimètres cubes d'eau renferment deux fois plus de matière qu'un décimètre cube d'eau.

Il n'en est plus de même pour le rapport qui peut exister entre les quantités de matières renfermées dans deux corps différents, comme un décimètre cube d'eau et un décimètre cube de fer.

On dit que deux corps différents ont des masses égales, lorsqu'étant soumis pendant le même temps à des forces de même direction et de même intensité, ils prennent des vitesses égales.

Ainsi $\frac{1}{8}$ de décimètre cube de fer et 1 décimètre cube d'eau prenant les vitesses égales sous l'influence de causes identiques, ont des masses égales.

L'égalité des masses reste donc étrangère à la considération inintelligible des quantités de matière. Elle ne se fonde que sur la façon dont les corps cèdent à l'action des forces qui les sollicitent.

CHAPITRE V.

Quantité de mouvement.

80. **Notions sur la quantité de mouvement.** — On voit, par le chapitre précédent, que quand une même force agit sur des mobiles différents, elle leur imprime des vitesses qui sont inversement proportionnelles à leurs masses.

Ainsi, une même force qui agit sur des masses qui sont entre elles comme 1, 2, 3, leur communique des vitesses qui sont entre elles comme 1, $\frac{1}{2}$, $\frac{1}{3}$.

De telle sorte que le produit MV de la masse par la vitesse correspondante est constant.

Ce produit de la masse d'un corps par sa vitesse s'appelle *quantité de mouvement.*

Une même force d'impulsion donne toujours la même *quantité de mouvement* à tous les mobiles possibles sur lesquels on la fait agir. Si la masse de la résistance augmente, la vitesse diminue ; si, au contraire, la masse de la résistance diminue, sa vitesse augmente.

Une force est double, triple, quadruple d'une autre force, quand elle produit des quantités de mouvement doubles, triples, quadruples.

La notion des quantités de mouvement permet de résoudre un très-grand nombre de questions, et principalement celles qui sont relatives au choc des corps non élastiques.

81. Choc des corps non élastiques. — Le principe fondamental est celui-ci :

La quantité de mouvement que plusieurs corps possèdent avant le choc, est égale à la quantité de mouvement qu'ils possèdent après le choc.

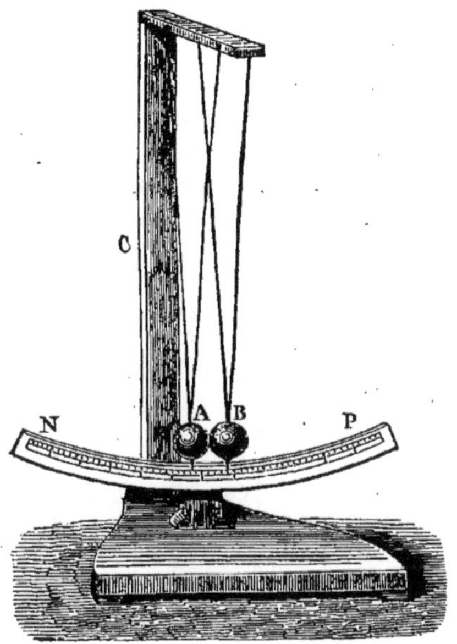

Fig. 45. — Choc des corps non élastiques.

Ce principe est une conséquence immédiate de la loi d'inertie.

En effet, si l'on peut supposer que, par le choc, A (*fig.* 45) communique à B plus ou moins de mouvement qu'il n'en perd, il faut admettre qu'il existe en A ou en B une puissance productive ou destructive du mouvement, et que par suite A ou B ne sont pas inactifs.

82. Mode d'expérimentation. — Les expériences sur le choc des corps non élastiques se font (*fig.* 45) en suspendant des boules d'argile A, B, d'un poids connu, à des fils portés par un support C.

Pour mettre ces boules en mouvement, on les écarte de la verticale. La quantité dont on les a écartées peut s'apprécier sur un cercle gradué NP ; la vitesse est sensiblement proportionnelle au nombre de degrés qu'elles parcourent.

83. **Expériences.** — Voici le résultat de quelques expériences :

1° Une masse A égale à 5, animée d'une vitesse égale à 18, rencontre une masse B égale à 7 qui est en repos. Après le choc, le mouvement se continue dans le sens du mouvement de la première masse et la vitesse commune est 7,5.

En effet, évaluons les quantités de mouvement :

Avant le choc.	*Après le choc.*
Masse de A = 5.	Masse de A = 5.
Vitesse de A = 18.	Vitesse commune = 7,5.
Quantité de mouvement de A = 5 × 18 = 90	Quantité de mouvement de A = 5 × 7,5 = 37,5
Masse de B = 7.	Masse de B = 7.
Vitesse de B = 0.	Vitesse de B = 7,5.
Quantité de mouvement de B = 7 × 0 = 0	Quantité de mouvement de B = 7 × 7,5 = 52,5
Somme = 90	Somme = 90

2° Les deux masses se meuvent dans le même sens. La première masse est égale à 8, la seconde à 6, — leurs vitesses sont 17 et 10, — la vitesse commune après le choc est 14.

Avant le choc.	*Après le choc.*
Masse de A = 8.	Masse de A = 8.
Vitesse de A = 17.	Vitesse commune = 14.
Quantité de mouvement de A = 8 × 17 = 136	Quantité de mouvement de A = 8 × 14 = 112.
Masse de B = 6.	Masse de B = 6.
Vitesse de B = 10.	Vitesse commune = 14.
Quantité de mouvement de B = 6 × 10 = 60	Quantité de mouvement de B = 6 × 14 = 84
Somme = 196.	Somme = 196.

3° Les deux corps se meuvent en sens contraire; l'une des

vitesses doit être considérée comme négative relativement à l'autre vitesse qui est positive.

Une masse égale à 8, animée d'une vitesse égale à 9, rencontre une autre masse égale à 6 animée d'une vitesse en sens contraire égale à 5. — Après le choc, les deux masses se meuvent dans le même sens que la première et leur vitesse commune est 3.

Avant le choc.	*Après le choc.*
Masse de A = 8.	Masse de A = 8.
Vitesse de A = 9.	Vitesse commune = 3.
Quantité de mouvement de A = 8 × 9 = 72.	Quantité de mouvement de A = 3 × 8 = 24.
Masse de B = 6.	Masse de B = 6.
Vitesse de B = 5.	Vitesse commune = 3.
Quantité de mouvement de B = 6 × 5 = 30.	Quantité de mouvement de B = 6 × 3 = 18.
Différence en faveur de A = 42.	Somme = 42.

84. **Formule.** — Ces expériences mettent hors de doute que la quantité de mouvement de plusieurs corps, avant le choc, est égale à la quantité de mouvement qu'ils possèdent après le choc ; ce qu'on exprime par la formule :

$$mv + m'v' = (m + m')\ V.$$

85. **Applications.** — Ce principe permet d'apprécier facilement la vitesse des projectiles, au moyen du pendule de Robins (du nom de l'ingénieur qui l'a perfectionné). Une masse creuse N, dont on connaît le poids, reçoit le projectile B (*fig.* 46) en mouvement. Le choc du projectile met cette masse en mouvement. Le déplacement qu'elle éprouve sur le cercle gradué ED donne la vitesse commune. Connaissant les masses et la vitesse commune, en multipliant ces deux nombres l'un par l'autre, on a la quantité de mouvement après le choc. — On peut en déduire, comme dans la première expérience, la quantité de mouvement du projectile et par suite sa vitesse avant le choc (83).

Les premières déterminations de la vitesse des projectiles, par la méthode des quantités de mouvement, furent faites en 1627,

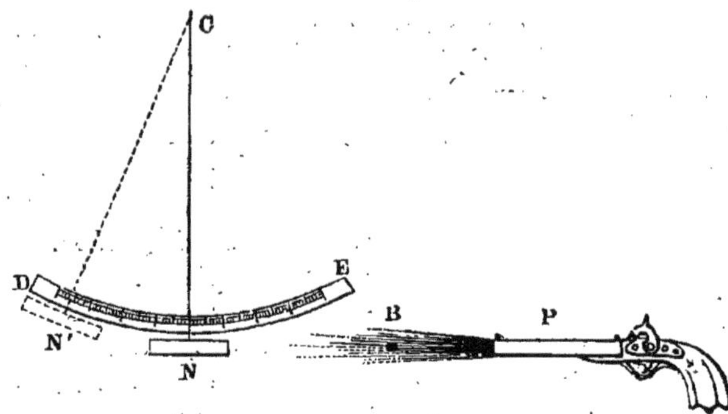

Fig. 46. — Détermination de la vitesse des projectiles au moyen du pendule de Robins (1).

à la Rochelle, par les ordres du cardinal de Richelieu.

CHAPITRE VI.

Composition des forces concourantes.

86. **Composantes. Résultante.** — Quand plusieurs forces agissent sur un même corps, on peut presque toujours supposer une autre force qui, agissant seule sur le corps, serait capable de produire le même effet que les autres forces réunies.

Ainsi, on conçoit qu'il est possible de remplacer la force de plusieurs hommes par celle d'un cheval ou d'une machine à vapeur.

On nomme *résultante* la force unique qui peut être ainsi substituée à l'action simultanée de plusieurs forces sans que l'effet soit changé.

(1) Robins Benjamin, mathématicien, né à Bath (Grande-Bretagne), en 1707, mort en 1751, est l'auteur de nombreuses applications et de perfectionnements utiles dans l'art des fortifications et la balistique. Il inventa le pendule qui porte son nom.

Les forces auxquelles on substitue la résultante s'appellent *les composantes*.

87. **Composition de deux forces appliquées à un même point.** — Soit un point matériel A, sollicité suivant les directions AF, AF′ pour deux forces dont les intensités sont représentées par les longueurs AB et AC (*fig.* 47).

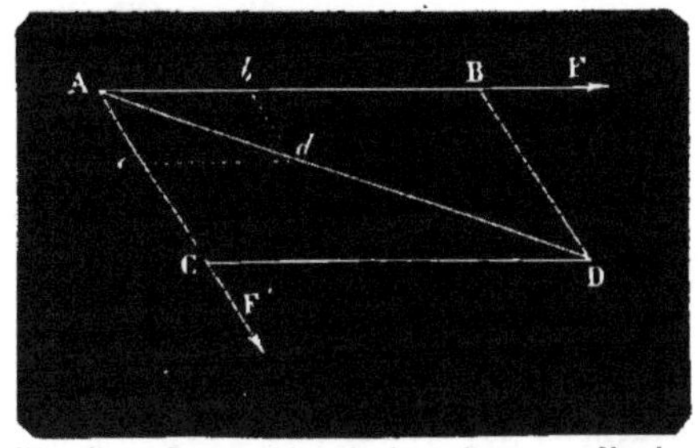

Fig. 47. — Composition de deux forces appliquées à un même point.

Après t unité de temps, ces forces ont donné au mobile les vitesses Ab, Ac, proportionnelles aux forces, puisque les forces sont entre elles comme les accélérations qu'elles produisent sur un même mobile, donc :

$$\frac{AB}{AC} = \frac{Ab}{Ac}.$$

Les deux vitesses Ab, Ac, ont pour résultante Ad d'après le théorème du parallélogramme des vitesses. La force constante R, dirigée suivant AD, produit la vitesse Ad au bout du temps t. Cette force est la *résultante* des deux forces F et F′. Il faut démontrer :

1° Que cette résultante est dirigée suivant la diagonale du parallélogramme ABCD ;

2° Que son intensité est représentée par la longueur de cette diagonale.

1. — *La résultante est dirigée suivant la diagonale* AD *du parallélogramme* ABCD.

Nous venons de voir que cette résultante est dirigée suivant Ad diagonale du parallélogramme Abcd. Cette ligne se confond avec AD, car les triangles ABD, Abd sont semblables, ayant l'angle B $= b$ compris entre côtés proportionnels :

$$\frac{Ab}{AB} = \frac{bd}{BD}.$$

2. — La résultante R est représentée en intensité par la diagonale AD. En effet, d'après le principe de la proportionnalité des forces aux vitesses, on a :

$$\frac{R}{F} = \frac{Ad}{Ab};$$

mais $$\frac{Ad}{Ab} = \frac{AD}{AB},$$

donc $$\frac{R}{F} = \frac{AD}{AB}.$$

Il résulte de là, que si F est représenté par AB, la résultante R est représentée par AD.

Cette loi fondamentale s'appelle *Loi du parallélogramme des forces*, et on l'énonce :

La résultante de deux forces agissant sur un même point matériel est représentée, en grandeur et en direction, par la diagonale du parallélogramme construit sur les lignes qui représentent les deux forces en grandeur et en direction.

88. Conséquences de la loi du parallélogramme des forces. — La résultante et les deux composantes forment les trois côtés d'un triangle. Ces trois côtés et les angles qu'ils forment sont liés par un grand nombre de théorèmes que l'on démontre dans les cours de géométrie et de trigonométrie. Comme dans le cas des vitesses, nous n'indiquerons pas ces théorèmes. Cependant il en est trois que nous devons signaler à cause de leurs applications très-nombreuses.

89. Première conséquence. — *La résultante est plus petite que la somme de deux composantes et plus grande que leur différence.* En effet, dans un triangle, un côté est toujours plus petit que la somme des deux autres et plus grand que leur différence.

90. Deuxième conséquence. — *La résultante de deux forces est égale à la somme des projections des deux composantes sur la direction de cette résultante.*

La projection de AB sur AD est Ab (*fig.* 48); la projection de

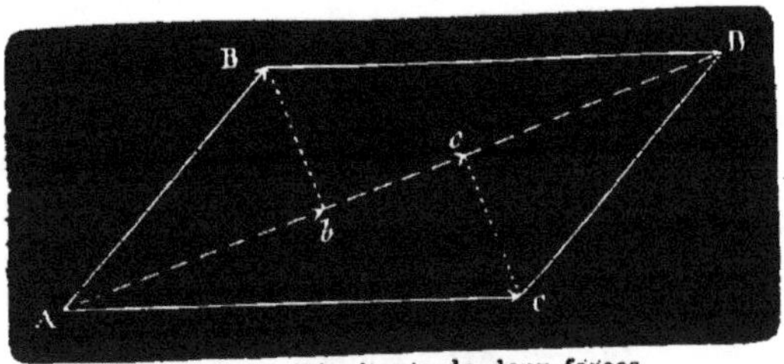

Fig. 48. — Résultante de deux forces.

AC sur AD est Ac. La somme des deux projections est $Ab + Ac$. Mais $Ab = cD$, car les deux triangles ABb, DCc sont égaux comme étant rectangles en b et c, ayant l'hypoténuse égale $AB = BD$ et un angle $BAb =$ l'angle cDC, à cause des deux parallèles AB, CD coupées par la ligne AD.

La somme des projections des deux composantes est donc $Ac + cD$ ou AD.

91. Troisième conséquence. — **Théorème de Varignon** (1). — *La distance d'un point quelconque de la résultante aux deux composantes est en raison inverse de l'intensité de ces composantes.* Soient AB, AC les deux forces composantes, AD la résultante de ces forces; soit M un point quelconque de cette

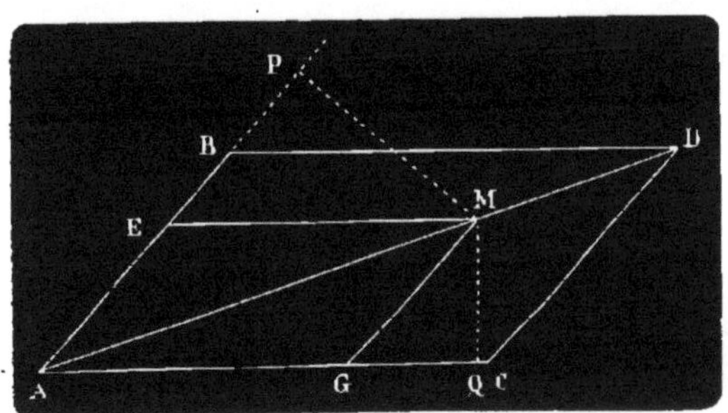

Fig. 49. — Théorème de Varignon.

(1) Varignon (Pierre), né à Caen (Calvados), en 1654, mort en 1722, a laissé sur la statique des travaux importants.

résultante ; les distances du point M aux composantes AB, AC sont les perpendiculaires MP, MQ. Je dis que l'on a (*fig.* 49) :

$$\frac{AB}{AC} = \frac{MQ}{MP}.$$

En effet, menons par le point M les lignes ME, MG parallèles aux composantes ; on a, à cause des parallèles DC et MG :

$$\frac{DC = AB}{AC} = \frac{MG}{AG}.$$

Les deux triangles MGQ, MEP sont semblables, étant rectangles en Q et P et ayant l'angle C = l'angle E comme côtés parallèles et de même sens. La comparaison de ces triangles donne :

$$\frac{MG}{AG = EM} = \frac{MQ}{MP};$$

à cause du rapport commun

$$\frac{MG}{AG},$$

on a

$$\frac{AB}{AC} = \frac{MQ}{MP}$$

ce qu'il fallait démontrer.

Cette formule s'écrit algébriquement :

$$\frac{f}{f'} = \frac{d'}{d}$$

ou, chassant le dénominateur, $fd = f'd'$. Le produit fd d'une force par sa distance à la résultante s'appelle le *moment de la force*, et le théorème de Varignon peut s'énoncer : *La résultante de deux forces agissant sur un même point matériel est telle que les moments des deux forces composantes sont égaux.*

92. **Réciproque de la loi du parallélogramme des forces.** — Si une force agit suivant une direction déterminée, on peut décomposer cette force suivant deux directions rectangulaires, et la composante sur chacune de ces directions est égale à la projection de la résultante sur la direction de chacune des composantes.

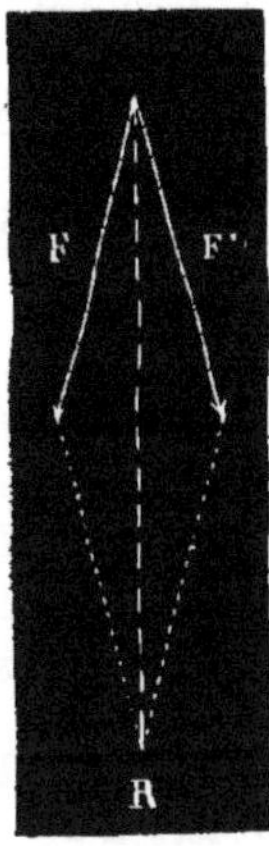

On remarquera que plus l'angle qui fait la force avec sa projection devient petit, plus l'intensité de la composante se rapproche de l'intensité de la force.

Si donc on veut faire avancer un corps suivant une direction déterminée, en se servant de deux forces concourantes F F′ (*fig.* 50), il convient que ces forces fassent entre elles l'angle le plus petit possible ; la résultante R diffère ainsi très-peu de la somme des composantes.

Fig. 50. — Relations entre l'intensité de la résultante et l'angle des composantes.

A mesure que l'angle des forces grandit (*fig.* 51), la résultante diminue, et enfin quand les deux forces font entre elles un angle de 180° (*fig.* 52), la résultante suivant R devient nulle.

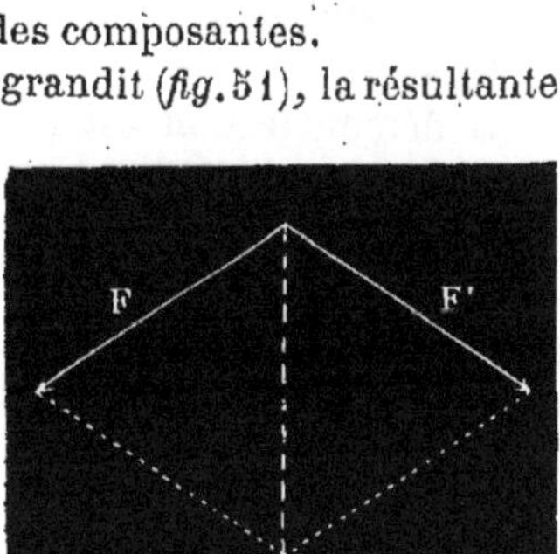

Fig. 51. — Relations entre l'intensité de la résultante et l'angle des composantes.

93. **Applications.** — Le théorème du *parallélogramme des forces*, ses conséquences et sa réciproque fournissent un très-grand nombre d'applications. En physique, on peut citer l'aiguille du galvanomètre qui prend une position intermédiaire entre le Nord et l'Ouest, parce que le

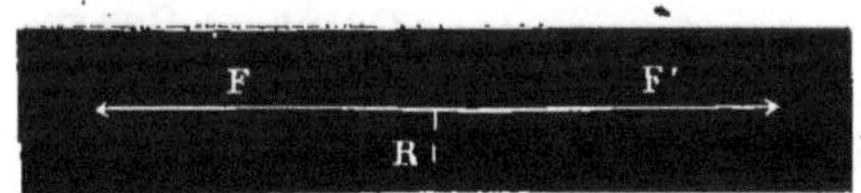

Fig. 52. — Relations entre l'intensité de la résultante et l'angle des composantes.

magnétisme terrestre la dirigeant vers le Nord, le courant électrique la dirige en même temps vers l'Ouest.

Dans la navigation, on a souvent à déterminer la composante de la vitesse du vent perpendiculaire à la direction de la voile, ou la résultante de l'action du vent sur la voile et de l'action de l'eau sur le gouvernail.

Les conditions d'équilibre et de mouvement de toutes les machines peuvent s'établir par des compositions et des décompositions de forces.

94. **Polygone des forces.** — *Quand plusieurs forces situées dans un même plan agissent sur un même point matériel, leur résultante est la ligne qui ferme le polygone de ces forces.*

La démonstration de ce théorème est absolument identique à celle que l'on a donnée (49) pour le polygone des vitesses.

95. **Parallélipipède des forces.** — *Quand trois forces non situées dans un même plan agissent sur un même point matériel, leur résultante est la diagonale du parallélipipède construit sur ces forces.*

La démonstration est identique à celle que l'on a donnée (54) pour le parallélipipède des vitesses.

Si un nombre quelconque de forces dans l'espace agit sur un même point matériel, on décompose ces forces suivant trois directions arbitraires. On fait la somme des composantes sur chaque direction et l'on construit le parallélipipède dont ces trois sommes seraient les arêtes. La diagonale de ce parallélipipède est la résultante du système de forces donné.

CHAPITRE VII.

Composition des forces parallèles. — Centre de gravité.

96. **Composition de deux forces parallèles et de même sens.** — 1. Point d'application. — *Le point d'application* C *de la résultante de deux forces parallèles* AF, BF', *et de même sens, partage la ligne* AB (*fig.* 53), *qui joint ces forces, en parties* AC, CB *inversement proportionnelles à l'intensité de ces forces.*

Cette loi est un cas particulier du théorème de Varignon. Ce théorème a été établi dans le cas des forces concourantes; mais comme son énoncé est indépendant de l'angle des deux forces, on doit admettre qu'il est encore vrai quand les forces deviennent parallèles.

2. Direction. — *La résultante de deux forces parallèles et de même sens est parallèle à ces forces et de même sens qu'elles.* — En effet, pour chaque point de la résultante, les distances aux deux composantes parallèles sont inversement proportionnelles à l'intensité de ces forces. Le lieu géométrique des points qui possèdent cette propriété est une parallèle aux lignes données.

3. Intensité. — *La résultante de deux forces parallèles et de même sens est égale à leur somme.* — En effet, la résultante est égale à la somme des projections des composantes sur la direction de la résultante. Comme une droite se projette en vraie grandeur sur une ligne qui lui est parallèle, la résultante sera égale à la somme des composantes.

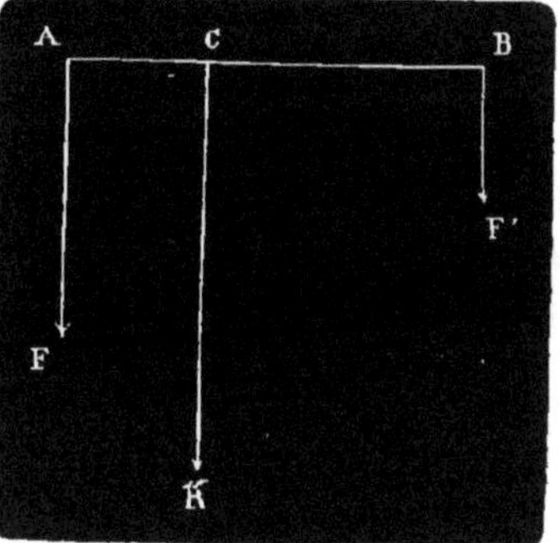

Fig. 53. — Résultante de deux forces parallèles et de même sens.

La résultante est donc CR, parallèle à AF et à BF', égale à AF + BF', et appliquée au point C, tel que

$$AF \times AC = BF' \times BC.$$

97. **Composition de plusieurs forces parallèles de même sens.** — La résultante s'obtient en composant deux de ces forces (*fig.* 54) AF, BF' d'après le théorème précédent. On compose cette première résultante MR avec une troisième force CF'' d'après la même loi, la résultante NR' ainsi obtenue avec la quatrième force DF''', et ainsi de suite.

La résultante finale PR'' ainsi obtenue est égale à la somme des composantes, elle leur est parallèle ; et son point d'application P s'appelle le *centre des forces parallèles.*

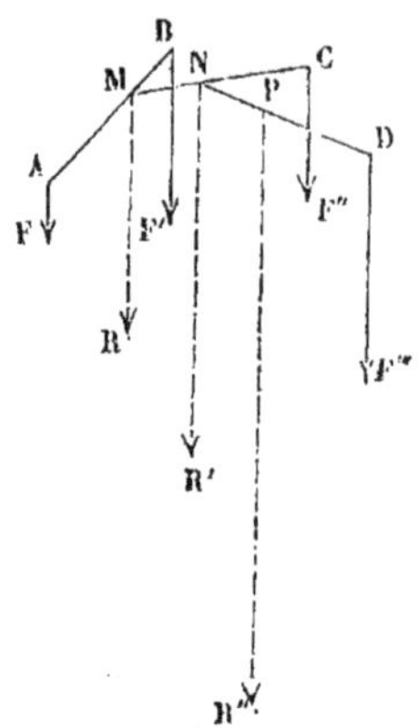

Fig. 54. — Résultante de plusieurs forces parallèles de même sens.

98. **Centre de gravité.** — Si les forces parallèles sont les actions de la pesanteur sur chaque molécule du corps, la résultante qui est toujours dirigée suivant la *verticale,* s'appelle le *poids,* et le centre de ces forces parallèles, ou point d'application du poids, s'appelle *centre de gravité.* On donne ce nom à ce point remarquable, parce que les choses se passent comme si tous les efforts qui naissent de la gravité sur toutes les particules du corps, étaient concentrés en ce point.

99. **Position du centre de gravité dans quelques corps.** — Le centre de gravité d'une ligne homogène étant en son milieu, on voit que dans tout corps qui possède un centre de figure, le centre de gravité doit coïncider avec le centre de figure.

En effet, le centre de figure est un point tel que toute droite, passant par ce point, y est partagée en deux parties égales. Toute droite, menée comme on voudra par ce centre de figure, aura son centre de gravité au centre de figure.

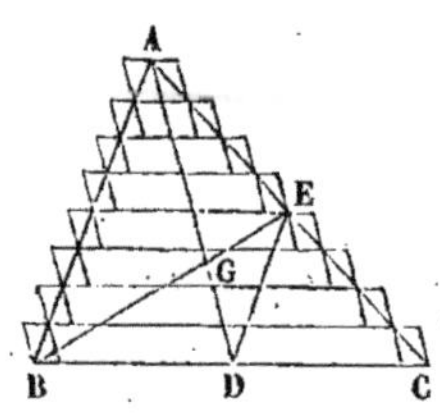

Fig. 55. — Centre de gravité d'un triangle.

Le centre de gravité d'une sphère est à son centre.

Celui d'un ellipsoïde est à l'intersection de ses axes.

Celui d'un cube est à l'intersection de ses diagonales.

Celui d'une lame circulaire mince est au centre du cercle.

Le centre de gravité d'un triangle (*fig.* 55) s'obtient en décomposant le triangle en bandes infiniment minces parallèlement à deux de ses côtés ; le centre de gravité est à l'intersection des lignes qui passent par les centres de gravité de chaque bande, c'est-à-dire à l'intersection des médianes.

Il peut se faire que ce centre de gravité ne soit pas compris dans l'intérieur du corps. C'est ce qui a lieu pour un anneau, par exemple. Son centre de gravité est au centre du cercle, bien que ce point ne fasse pas partie de l'anneau. Si des fils viennent se nouer au centre du cercle, l'anneau restera en équilibre quand ce nœud sera soutenu.

100. **Équilibre stable.** — Quand un corps est disposé de telle sorte que le centre de gravité ne puisse descendre au-dessous d'un certain niveau, en conservant néanmoins la faculté de s'élever au-dessus de ce niveau, le corps ne peut rester en équilibre que si le centre de gravité se trouve au point le plus bas qu'il puisse atteindre. Dès que le centre de gravité en est

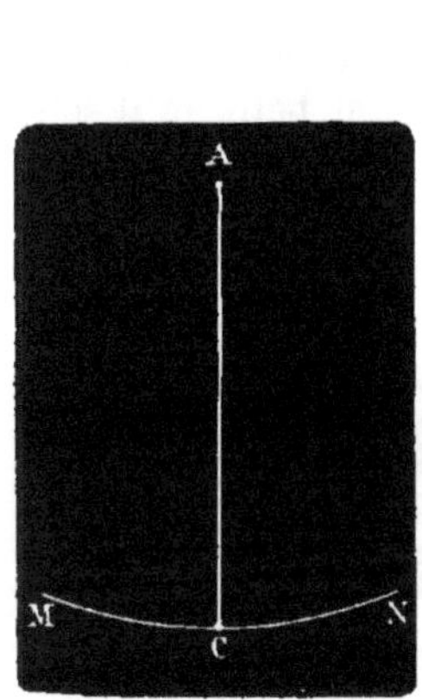

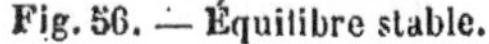
Fig. 56. — Équilibre stable.

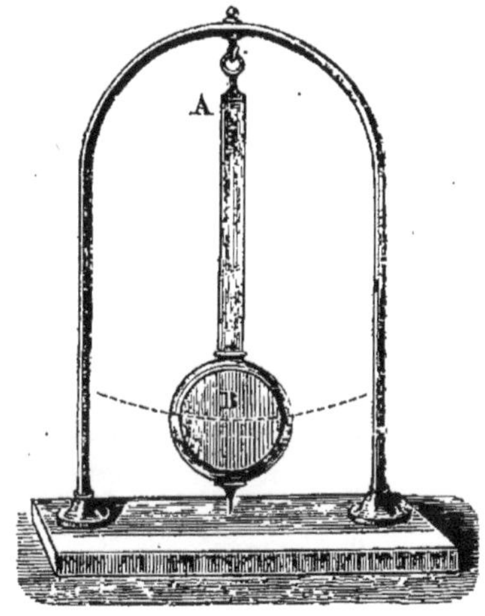

Fig. 57. — Équilibre stable du pendule.

écarté tant soit peu, le corps oscille autour de sa position d'équilibre et finit par s'y arrêter, quand les forces retardatrices

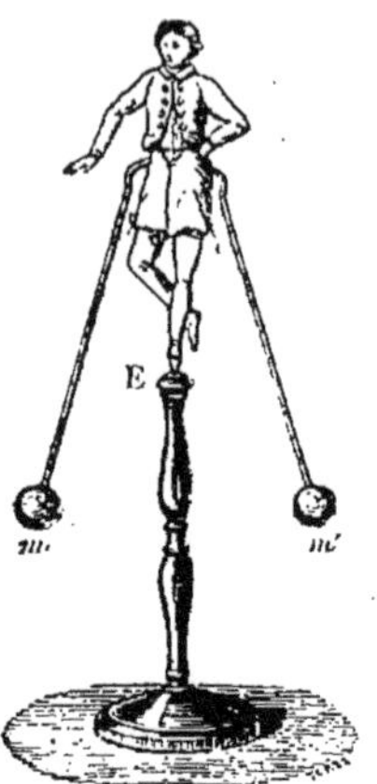

Fig. 58. — Équilibre stable.

de son mouvement ont amorti ses oscillations.

Exemple. Un fil à plomb, un cône posé sur sa base, un pendule (*fig.* 56, 57, 58).

101. **Équilibre instable.** — Un corps dont le centre de gravité est placé au-dessus du point de suspension et exactement sur la même verticale que le point, est dans un état d'*équilibre instable* (*fig.* 59). Un déplacement du centre C, si petit qu'il soit,

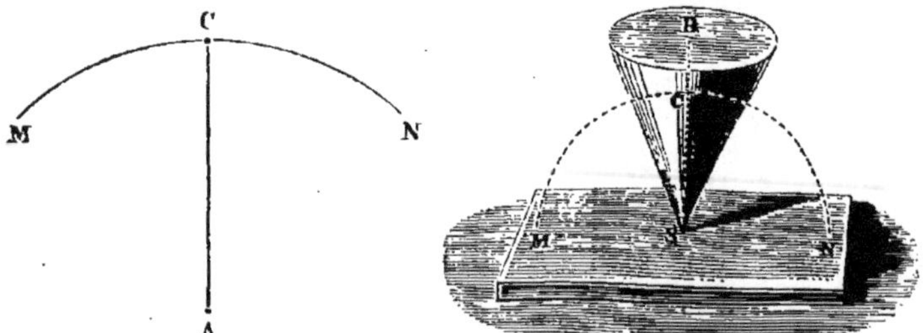

Fig. 59. — Équilibre instable. Fig. 60. — Équilibre instable du cône.

fait chavirer le corps en entraînant le centre de gravité sur l'arc de cercle MN, et la pesanteur empêche ensuite le corps de revenir à sa position primitive.

Un cône posé sur sa pointe est dans un état d'équilibre instable (*fig.* 59 et 60).

102. **Équilibre indifférent.**—Quand la forme et la situation d'un corps sont telles que le centre de gravité peut se mou-

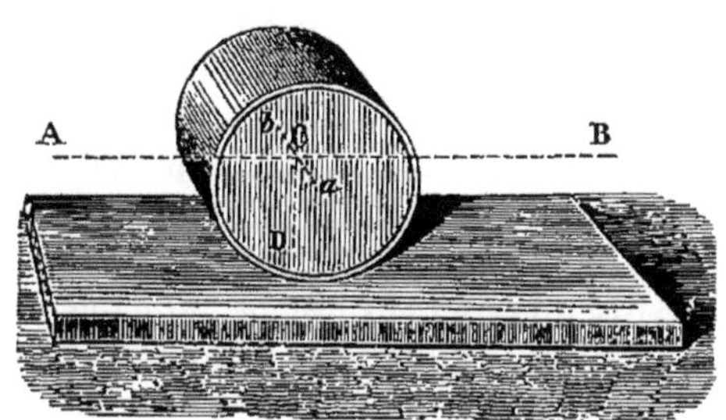

Fig. 61. — Équilibre indifférent du cylindre.

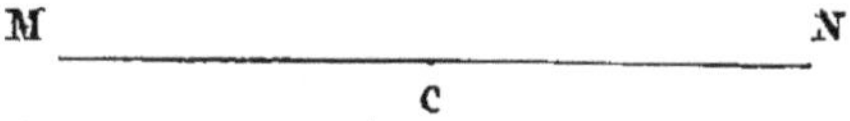

M N

C

Fig. 62. — Équilibre indifférent.

voir sur une ligne horizontale MN (*fig.* 62), l'équilibre est *indifférent.* La plus petite force déplace le centre de gravité, sans qu'il tende à revenir à sa position primitive ou à s'en écarter indéfiniment.

C'est le cas d'un cône couché sur une de ses génératrices ou d'un cylindre homogène (*fig.* 61) qui roule sur un plan horizontal.

103. **Observation.** — Les leçons de la nécessité et de l'expérience enseignent à tous les animaux l'art d'adapter leurs mouvements et leur posture à la position du centre de gravité de leur corps. Chez un homme debout, la verticale abaissée de son centre de gravité tombe dans l'intérieur du quadrilatère formé par ses deux pieds, et les deux lignes qui joignent les bouts des pieds entre eux et les talons entre eux. Un homme se penche en avant, quand il monte ou quand il a un fardeau sur le dos, en arrière, quand il descend ou quand il porte un fardeau devant lui. Une personne assise ne peut se lever qu'en amenant son centre de gravité au-dessus de ses pieds, soit en se penchant en avant, soit en ramenant ses pieds en arrière.

Nous n'insisterons pas davantage sur ces notions ni sur les conditions d'équilibre des corps solides, liquides et gazeux, et des corps immergés totalement ou en partie. Il faudrait répéter ici toute la partie du *Cours de physique* appelée *Hydrostatique.*

104. **Notions sur le centre de gravité commun de plusieurs corps isolés.** — Le *centre de gravité commun* de deux corps isolés est le point qui posséderait les propriétés du centre de gravité si les deux corps étaient unis par une tige inflexible dont le poids pût être négligé. Il suffit, pour déterminer ce point, de partager la ligne qui joint les centres de gravité des deux corps en parties inversement proportionnelles au poids de chacun de ces deux corps, d'après le théorème de Varignon (91).

105. **Le centre de gravité commun d'un nombre quelconque de corps ne varie jamais de position de quelque manière que ces corps agissent les uns sur les autres.**— Supposons que les masses de deux corps soient entre elles comme 5 est à 2 et que la distance de leurs centres de gravité soit de 35 mètres. Le centre de gravité du système sera, d'après le théorème de Varignon, à 10 mètres de la masse 5 et à 25 mètres de la masse 2, car :

$$10 \times 5 = 25 \times 2.$$

Si, par une attraction réciproque et proportionnelle aux masses, la distance diminue, la masse 5 se rapprochant de 4 mètres, la masse 2 se rapprochera de 10 mètres. La distance des centres est réduite à 21 mètres et le centre de gravité du système se trouvera, d'après le théorème de Varignon, à 6 mètres de la masse 5 et à 15 mètres de la masse 2. Le rapport de 6 à 15 est le même que le rapport de 10 à 25. C'est le rapport inverse des masses 5 et 2; donc le centre de gravité commun des deux corps n'a pas changé.

106. **Conservation du mouvement du centre de gravité commun.** — Un système de corps se trouvant en repos ou animé d'un mouvement rectiligne uniforme, le centre de gravité commun du système est lui-même en repos ou animé

d'un mouvement rectiligne uniforme. Si une force nouvelle

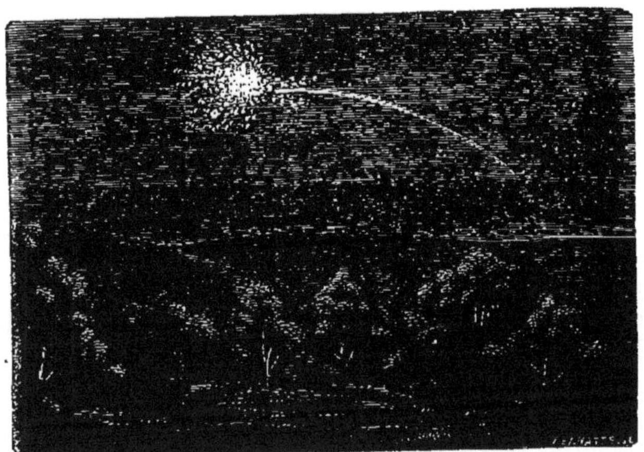

Fig. 63. — Conservation du mouvement du centre de gravité commun.

vient à agir simultanément sur tout le système, le centre de gravité persévère dans son état de repos ou de mouvement uniforme.

Exemple. — Une fusée lancée (*fig.* 63) décrit sa trajectoire parabolique; arrivée à une certaine hauteur, elle éclate et se divise en étoiles. Le système de toutes ces étoiles possède un centre de gravité commun qui continue la trajectoire de la fusée.

Autre exemple. — Dans les expériences sur le choc indiquées dans le chapitre V (83), on peut calculer les différentes positions du centre de gravité commun du système des deux boules. On reconnaît que ce centre se meut à mesure que les boules se rapprochent l'une de l'autre; le choc a lieu, on examine le mouvement du centre de gravité commun après le choc, et on reconnaît que le choc n'a modifié en rien la loi de ce mouvement.

CHAPITRE VIII.

Force centrifuge.

107. **Force centripète.** — Quand on fait tourner un corps autour d'un axe, on doit faire agir une force constante pour maintenir le corps à la même distance de l'axe et l'empêcher de s'échapper suivant la direction de la tangente, d'après la loi de l'inertie (3). Cette force, qui ramène constamment le corps vers l'axe de rotation, s'appelle *force centripète.*

Force centrifuge. — La force centrifuge est la réaction de la force centripète, et, par conséquent, elle lui est égale et contraire. Elle ne peut se produire que pendant le mouvement de rotation et elle agit suivant le prolongement du rayon.

108. **Mesure de la force centrifuge.** — On mesure la force centrifuge, en déterminant l'intensité de la force centripète qui lui est égale.

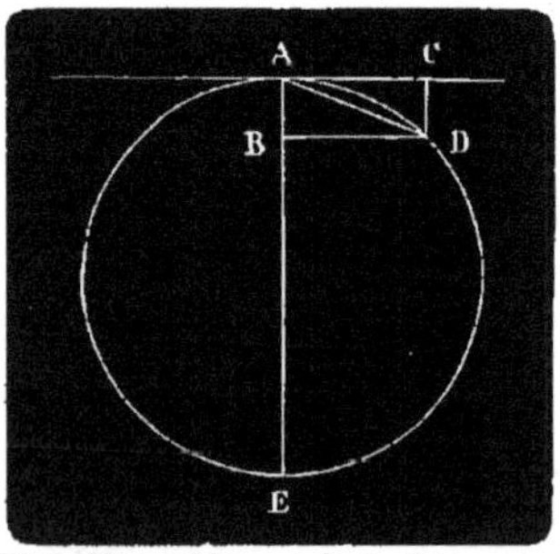

Fig. 64. — Mesure de la force centrifuge.

Une force est toujours exprimée par le produit de la masse du mobile par l'accélération correspondante (75) :

$$f = m\ A.$$

L'accélération est le double de l'espace parcouru pendant l'unité de temps (32). La force centripète (*fig.* 64) ayant dévié le mobile de la quantité CD, l'accélération due à la force centripète sera 2CD ou 2AB, puisque AB = CD comme côtés opposés d'un même rectangle.

La géométrie donne la relation :

$$AD^2 = AE \times AB$$

d'où :

$$AB = \frac{AD^2}{AE}.$$

La force centripète est donc exprimée par la relation

$$f = m\,\frac{2AD^2}{AE}.$$

Mais la corde AD se confond avec l'arc AD quand cet arc est suffisamment petit. Cet arc est le chemin parcouru par le mobile pendant l'unité de temps, c'est-à-dire la vitesse du mobile : AD = V. AE est le diamètre de la circonférence décrite par le mobile, AE = 2R.

La force centripète, et, par suite, la force centrifuge ont donc pour formule :

$$f = m\,\frac{2V^2}{2R},$$

ou

$$f = \frac{mV^2}{R}.$$

109. **Conséquences.** — On a :

$$f = \frac{mV^2}{R},$$

dans un autre cas on aurait de même :

$$f' = \frac{m'V'^2}{R'};$$

divisant en deux égalités, membre à membre, on obtient :

$$\frac{f}{f'} = \frac{m}{m'} \times \frac{V^2}{V'^2} \times \frac{R'}{R}$$

d'où les lois suivantes :

110. I. Si $V = V'$ et $R = R'$ on a $\frac{f}{f'} = \frac{m}{m'}$.

Quand deux corps différents décrivent des circonférences égales avec la même vitesse, la force centrifuge est proportionnelle à leurs masses.

Pour démontrer cette loi par l'expérience (*fig.* 65), on amène

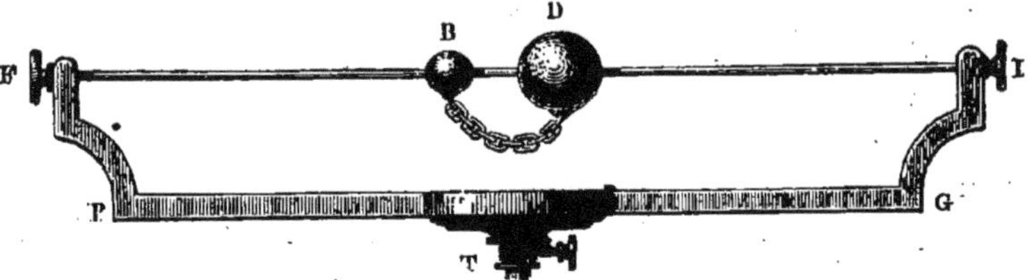

Fig. 65. — La force centrifuge est proportionnelle aux masses.

à la même distance de l'axe de rotation T deux billes inégales B, D, enfilées sur une tige horizontale FI, et enchaînées l'une à l'autre; en faisant tourner cette tige dans un plan horizontal, les deux billes ont la même vitesse et décrivent des circonférences égales. La force centrifuge agit inégalement sur elles. La grosse bille D est chassée à l'extrémité de la tige et entraîne la petite bille derrière elle.

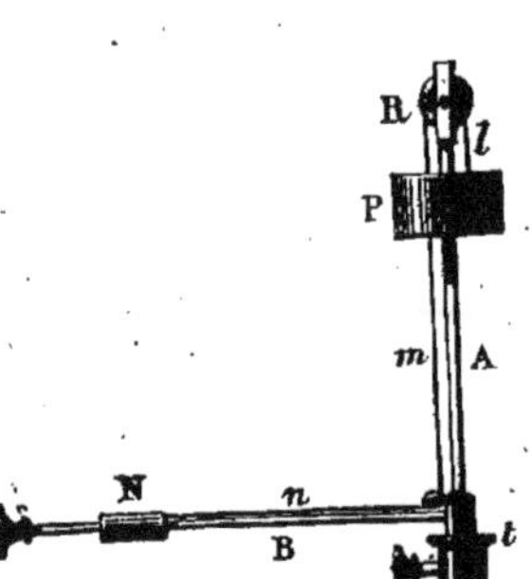

Fig. 66. — La force centrifuge croît comme le carré de la vitesse.

111. — II. Si $m = m'$ et $R = R'$ on a $\frac{f}{f'} = \frac{V^2}{V'^2}$.

Pour un même mobile décrivant une même circonférence, la force centrifuge croît comme le carré de la vitesse.

Pour démontrer cette loi par l'expérience, on se sert de l'appareil (*fig.* 66).

La tige horizontale BN porte une masse reliée par une corde

n à la masse P beaucoup plus considérable, et placée sur l'axe vertical de rotation A. La corde passe sur les poulies R et t, et la masse N ne peut s'avancer vers l'extrémité de la tige horizontale B qu'en soulevant la masse P.

Si la vitesse de rotation est faible, la force centrifuge agissant sur la masse N ne peut soulever P. Quand la vitesse devient assez grande, N soulève P, et le fait monter jusqu'en l.

112. — III. Si $m = m'$ et si $v = v'$ on a $\frac{f}{f'} = \frac{R'}{R}$.

Pour un même corps, animé de la même vitesse, la force centrifuge est inversément proportionnelle au rayon.

La force centrifuge agit d'autant plus énergiquement sur un cheval au galop qu'il est obligé de parcourir un plus petit cercle. Dans un cercle de très-grand rayon la force centrifuge est à peine sensible.

113. **Expériences.** — L'appareil (*fig.* 57) permet de faire des expériences variées en changeant les positions des boules enchaînées. La force centrifuge agissant sur la plus petite bille, lui fait entraîner la grosse bille quand celle-ci est au centre ou plus rapprochée du centre que la plus petite.

Si les deux billes sont égales et à la même distance du centre, elles se font équilibre; à des distances inégales du centre, la plus éloignée entraîne l'autre.

Deux tubes inclinés renferment du mercure, de l'eau et du liége

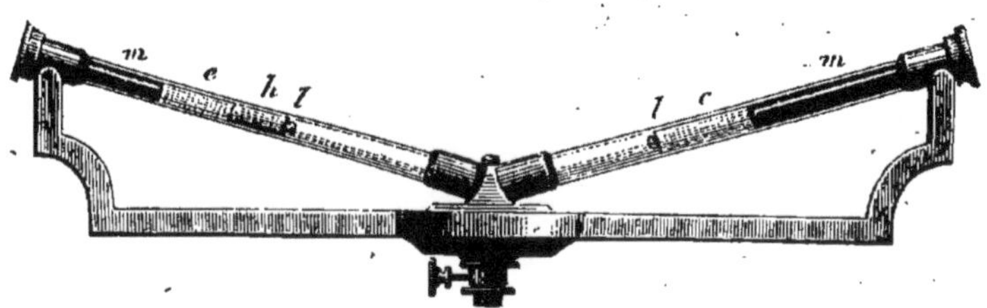

Fig. 67. — Action de la force centrifuge sur les liquides.

(*fig*. 67). Ces corps se placent au bas du tube et se superposent par ordre de densité. En faisant tourner ces tubes, la force centrifuge agit inégalement sur ces corps de masses différentes. Le mercure monte au sommet des tubes, l'eau se place au-dessous, et enfin le liége est au-dessous de l'eau. Cette superposition dans l'ordre inverse des densités fait dire souvent que les corps soumis à la force centrifuge semblent soustraits à la pesanteur.

Fig 68 — Action de la force centrifuge sur les liquides et les gaz.

Dans un ballon de verre (*fig.* 68), on met de l'eau et on ne laisse qu'une bulle d'air; on ferme le ballon et on le place sur un axe vertical qu'on peut faire tourner rapidement. La force centrifuge agissant plus sur l'eau que sur l'air, la bulle d'air redescend vers le centre *b* du ballon, contrairement aux lois de la pesanteur.

Cette expérience, si facile à réaliser, explique le jeu des *essoreuses*, machine que l'on emploie pour sécher les laines et les étoffes. On place ces objets dans une caisse à claire-voie que l'on fait tourner rapidement; l'eau est chassée à la circonférence par la force centrifuge. On fait la même expérience sur une plus petite échelle quand on secoue la salade enfermée dans un panier à jour.

La force centrifuge, agissant sur les liquides et les gaz, peut leur donner une impulsion considérable. Les ventilateurs employés avec succès pour alimenter les foyers à la Vilkinson des fonderies, les pompes rotatives d'Appold et de Bourdon sont des applications industrielles importantes de la théorie de la force centrifuge.

CHAPITRE IX.

Résistance des matériaux.

114. Les forces ne mettent pas toujours en mouvement les corps sur lesquels elles agissent. Ainsi, la pesanteur ne met pas en mouvement la balle de plomb suspendue à l'extrémité d'un fil vertical, ni le corps posé sur un plan horizontal.

Les forces qui ne déterminent pas le mouvement des corps, produisent, sur ces corps, des effets moléculaires capables d'en déterminer quelquefois la rupture.

Les principaux efforts auxquels les corps peuvent être soumis sont :

1. L'effort de *traction*, c'est-à-dire l'effort qui, agissant suivant la longueur d'un corps, tend à en déterminer l'allongement.

2. L'effort de *compression*, c'est-à-dire l'effort qui, agissant suivant la longueur d'un corps, tend à en produire l'écrasement.

3. L'effort de *flexion*, c'est-à-dire l'effort qui, agissant perpendiculairement à la longueur d'un corps, tend à le faire plier.

Les recherches expérimentales sur les lois qui régissent la résistance des matériaux entraînent de grandes difficultés. Ces difficultés proviennent des forces considérables dont il faut disposer, du manque d'homogénéité des matériaux et de la nécessité de varier, d'une foule de manières, les conditions des expériences.

Le manque d'homogénéité dans la structure détermine la rupture dans les points les plus faibles. Si tous les points d'un corps étaient également résistants, la rupture se produirait simultanément dans tous les points, et le corps tomberait en poussière.

115. Résistance à la traction. — *La résistance d'un corps à la traction est proportionnelle à sa section transversale.* — Le corps que l'on soumet à l'expérience est engagé, par sa partie supérieure, dans une pince B fixée à un support D (*fig.* 69). Une seconde pince A, munie d'un plateau, est adaptée à sa partie inférieure. On charge le plateau avec des poids. La charge qui tend le corps sans amener sa déformation permanente, indique la résistance que le corps peut opposer à la traction.

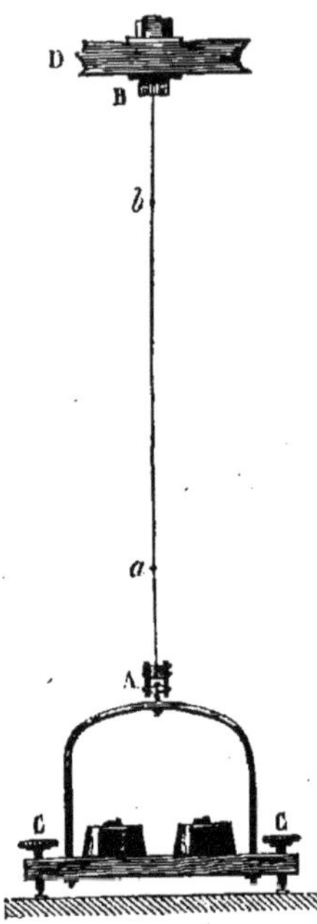

Fig. 69.
Résistance à la traction.

On reconnaît, par expérience, que la résistance à la traction dépend de la nature du corps, et que si l'on donne à ce corps une section double, triple, quadruple, la résistance est doublée, triplée, quadruplée.

On pouvait prévoir ce résultat. En effet, une barre de section double peut être assimilée à deux barres ayant chacune une section égale à 1. Chacune de ces barres résiste également et séparément à la force de traction. La résistance totale est donc la somme des résistances de chacune de ces barres.

Cependant l'expérience montre que plusieurs barres ou plusieurs fils réunis résistent, généralement, plus qu'une barre unique ayant une section égale à la somme de leurs sections.

Ce résultat est dû à ce que les points les plus faibles des différentes barres ne coïncident pas, tandis que, dans une barre unique, un défaut de structure peut occuper presque toute la section.

L'expérience apprend aussi que la résistance diminue quand la longueur augmente. On conçoit, en effet, que plus le corps est long, plus les chances d'inégalité de structure sont accrues, et que, par suite, la résistance totale doit diminuer.

116. **Résistance à la compression.** — *La résistance d'un corps à la compression augmente comme le carré de la section transversale et diminue comme le carré de la hauteur.*

Cette loi a été établie théoriquement par Euler (1). Elle est difficile à vérifier par l'expérience, à cause des forces très-considérables dont il faut disposer pour écraser un corps.

La résistance à la compression augmente très-rapidement, quand le diamètre augmente; les corps creux résistent donc beaucoup plus que les corps pleins de même nature et de même poids. De là l'emploi des colonnes creuses substituées généralement aux colonnes pleines pour soutenir les plafonds des magasins. Les fers cylindriques creux des grilles de fabrication récente sont moins lourds, moins chers et aussi solides que les fers pleins que l'on employait auparavant.

117. **Résistance à la flexion.** — On appelle *épaisseur* d'un corps soumis à la flexion, la dimension de ce corps suivant la direction de l'effort qui tend à le faire plier. La *longueur* et la *largeur* sont les deux dimensions perpendiculaires à la direction de ce même effort (*fig.* 66).

Fig. 70. — Résistance à la flexion.

La résistance d'un corps à la flexion est inversement proportionnelle à sa longueur et directement proportionnelle à sa largeur et au carré de son épaisseur.

Cette loi, établie théoriquement par Galilée (2), s'accorde très-bien avec les résultats de l'expérience. Un corps placé de champ est beaucoup plus résistant que quand il est placé à plat.

(1) Euler (Léonard), célèbre géomètre, né à Bâle (Suisse) en 1707, mort en 1783, connu par ses travaux importants en algèbre et en mécanique.

(2) Galilée, grand mathématicien, né à Pise (Italie) en 1564, mort en 1642, découvrit la rotation de la terre, les lois du mouvement uniformément varié, etc.

Si l'on veut donner, au fléau d'une balance ou au balancier d'une machine à vapeur, une égale résistance dans toute leur longueur, il faut, d'après cette loi, que pour des distances aux extrémités qui sont entre elles comme les nombres

1 4 9 16,

les épaisseurs soient comme les nombres

1 2 3 4.

La largeur étant partout la même, ces pièces ont ainsi une forme parabolique (*fig.* 71).

Fig. 71. — Balancier de machine à vapeur.

118. **Conséquences.** — Supposons deux barres formées de la même matière et dont l'une ait toutes les dimensions doubles de l'autre.

En doublant la largeur, on double la résistance à la flexion. En doublant la longueur on rend cette résistance moitié moindre. On perd, par l'accroissement de longueur, ce qu'on a gagné par l'accroissement de largeur.

En doublant l'épaisseur, on quadruple la résistance à la flexion, puisque cette résistance augmente proportionnellement au carré de l'épaisseur.

En doublant les dimensions, on rend le poids huit fois plus considérable; car le poids d'un corps est proportionnel à son volume, et, par conséquent, proportionnel au cube des parties homologues.

Donc, si les dimensions homologues de deux corps semblables sont entre elles comme les nombres

1 2 3 4 5,

la résistance à la flexion, suivant la longueur et la largeur, reste constante; la résistance à la flexion, suivant l'épaisseur, croît comme les nombres

1 4 9 16 25,

et les poids croissent comme les nombres

1 8 27 64 125.

Si, pour un solide de petite dimension, la résistance de ce solide est supérieure à son poids, pour un solide semblable de plus grande dimension, le poids pourra surpasser la résistance et déterminer la rupture.

Il ne faut donc pas juger de la résistance des pièces employées dans une construction en grand par la résistance observée dans un modèle exécuté à une échelle réduite. Toutes les œuvres de l'art, comme celles de la nature, ont des limites de grandeur qu'elles ne peuvent dépasser.

Les grands principes qui régissent tous les êtres vivants président à toutes les inventions industrielles.

A son insu, l'homme s'est inspiré du milieu dans lequel il vit, pour donner la force et le mouvement à ses œuvres, comme Dieu a donné la force et le mouvement aux êtres qu'il a créés.

Chaque être organisé a une taille limitée. Au-dessus ou au-dessous de certaines limites il ne peut pas vivre.

De même, chaque machine ne rend de bons services que quand elle atteint certaines dimensions et qu'elle ne dépasse pas d'autres dimensions.

Les petits modèles construits au dixième de grandeur d'exécution ne peuvent pas produire le dixième du travail des machines qu'ils représentent.

Parce qu'un travail industriel est possible sous certaines dimensions, il n'en faut pas conclure qu'on peut le décupler, le centupler sans difficulté.

Les moteurs électriques en sont un exemple.

En 1834, Dal Negro a construit le premier moteur de ce genre. En 1 minute il élevait 18 grammes à 1 mètre de hauteur. Depuis cette époque, on n'a pas cessé de s'occuper de cette importante question. On n'a pas encore pu parvenir à créer un moteur électrique puissant.

Nous devons notre reconnaissance aux ingénieurs qui ont su appliquer les faits de l'industrie sur une plus grande échelle que leurs devanciers.

Ces grands travaux sont actuellement très-nombreux. On peut citer comme exemple : les câbles transatlantiques, le percement de l'isthme de Suez, celui du Mont-Cenis, et le chemin de fer qui réunit New-York à la Californie en traversant la plus grande largeur de l'Amérique du Nord.

LIVRE III.

DU TRAVAIL.

CHAPITRE I.

Définition et mesure du travail.

119. **Définition du travail.** — On dit qu'un *travail* se produit, quand une puissance parcourt un certain chemin, ou quand une résistance est vaincue sur un certain chemin.

L'exemple le plus net que l'on puisse donner du travail mécanique, consiste dans l'élévation verticale d'un poids donné. Pour soulever ce poids, la puissance parcourt un certain chemin et la résistance se déplace suivant une verticale.

Un homme qui soutient une charge ne produit pas de travail parce qu'il ne déplace pas la résistance. Il en est de même pour un aimant auquel adhère une armature plus ou moins pesante.

120. I. — **Le travail est proportionnel au chemin parcouru.** — En effet, soit T le travail qui consiste à élever le poids P à la hauteur H. Pour élever le même poids à la hauteur 2H, il faut répéter deux fois le travail T. Pour élever le même poids à la hauteur 3H, il faut répéter trois fois le travail T, et ainsi de suite. Le travail est d'autant plus considérable que le chemin parcouru est lui-même plus considérable. Donc *le travail est proportionnel au chemin parcouru.*

121. II. — **Le travail est proportionnel à la résistance vaincue.** — Soit encore T le travail nécessaire pour élever le poids P à la hauteur H. Pour élever à la même hauteur le poids 2P, il faut répéter deux fois le travail T; pour

élever à la même hauteur le poids 3P, il faut répéter trois fois le travail T, et ainsi de suite. Le travail est d'autant plus considérable que l'effort est lui-même plus considérable. Donc *le travail est proportionnel à la résistance vaincue.*

122. III. — **Deux travaux sont entre eux comme les produits des forces par les chemins parcourus.** — En effet, soit T, le travail qui consiste à élever le poids P à la hauteur H. Soit T' le travail qui consiste à élever le poids P' à la hauteur H'. Supposons un troisième travail T'' qui consisterait à élever le poids P' à la hauteur H. Les deux travaux T et T'', qui consistent à élever des poids inégaux P et P' à la même hauteur H, sont proportionnels à ces poids d'après le théorème précédent (121)

$$\frac{T}{T''} = \frac{P}{P'}.$$

Les deux travaux T'' et T', qui consistent à élever le même poids P à des hauteurs différentes H et H', sont proportionnels aux chemins parcourus, d'après le premier théorème (120) :

$$\frac{T''}{T'} = \frac{H}{H'};$$

multipliant ces deux égalités membre à membre,

$$\frac{TT''}{T''T'} = \frac{PH}{P'H'}:$$

on supprime T'', facteur commun au numérateur et au dénominateur dans le premier membre, et l'on a

$$\frac{T}{T'} = \frac{PH}{P'H'}.$$

Donc : *Deux travaux sont entre eux comme les produits des forces par les chemins parcourus.*

123. **Conséquences.** — Si T' est le travail pris pour unité, c'est-à-dire le travail qui consiste à élever un poids P' égal à 1 kilogramme à une hauteur H' égale à 1 mètre, la relation

$$\frac{T}{T'} = \frac{PH}{P'H'}$$

se réduit à

$$T = PH.$$

Le travail d'une force a pour mesure le produit de cette force mesurée en kilogrammes par le chemin qu'elle parcourt mesuré en mètres.

Lorsque la force, au lieu d'être employée à faire monter un poids, est employée d'une manière quelconque dans le sens même du chemin, le travail a encore pour mesure le produit de l'effort en kilogrammes par le chemin parcouru évalué en mètres.

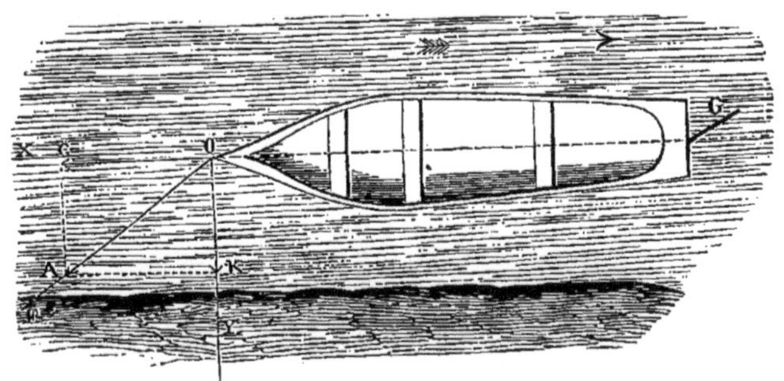

Fig. 72. — Travail d'une force agissant obliquement.

Si la force fait un angle avec la direction que suit le mobile, on décompose la force en deux composantes d'après la règle du parallélogramme des forces. L'une des composantes est dans la direction du chemin parcouru, l'autre composante est perpendiculaire à cette direction; le travail s'évalue en multipliant le chemin parcouru par la composante de la force dans le sens du chemin. Ainsi, soit un cheval remorquant un bateau (*fig.* 72); OF est la direction de la force; OX le chemin à suivre. On décompose la force OA, suivant la direction OX, et la direction OY perpendiculaire à OX. La composante OK suivant la direction OY, aurait pour effet de ramener le bateau vers le bord; cette composante est détruite par la résistance que l'eau exerce sur le gouvernail. La composante OC, suivant la direction OX, est la projection de la force OA sur la ligne OX (90) : elle est d'autant plus grande que l'angle des deux directions OF, OX est plus petit. Le travail est $T = OC \times L$, en appelant L le chemin parcouru par le bateau.

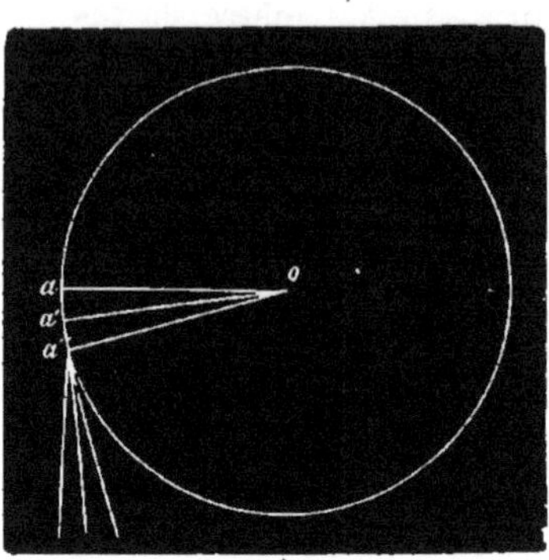

Fig. 73. — Travail d'une force tangente à la circonférence d'une roue.

124. **Travail d'une force tangente à la circonférence d'une roue.** — Supposons une force tangente à la circonférence d'une roue. Quand la roue tourne d'une quantité infiniment petite aa' (*fig.* 73), le déplacement s'effectue dans le sens même de la force. Le travail est

$$T_1 = F \times aa'$$

Si alors la force change de direction pour parcourir le chemin $a'a''$, le travail, dans cette seconde période, est

$$T_2 = F \times a'a''$$

et ainsi de suite.

Si la force parcourt une circonférence entière, le travail total sera la somme des travaux partiels.

$$T = F\,(aa' + a'a'' + \dots)$$

Pour un tour, le chemin parcouru par la force F est la circonférence $2\pi R$, et le travail a pour expression

$$T = F \times 2\pi R$$

et pour n tours le travail total sera

$$T = n F \times 2\pi R.$$

Telle est l'expression du travail des manéges, des roues de carrières, des cabestans et des poulies.

125. **Kilogrammètre.** — L'unité de travail, c'est-à-dire le travail qui consiste à élever 1 kilogramme à 1 mètre de hauteur dans 1 seconde, s'appelle *kilogrammètre*.

Le travail d'une force quelconque se mesure en kilogrammètres, en faisant le produit de la force exprimée en kilogrammes par le chemin parcouru exprimé en mètres.

Élever 25 kilog. à 4 mètres de hauteur, c'est produire un travail égal à $25 \times 4 = 100$ kilogrammètres. On produirait le même travail en élevant

4 kil. à	25 mèt.	$4 \times$	$25 = 100$ kilog^{tres}
10 kil. à	10 »	$10 \times$	$10 = 100$ »
1 kil. à	100 »	$1 \times$	$100 = 100$ »
$0^k,001$ à	100,000 »	$0,001 \times$	$100,000 = 100$ »
100,000 kil. à	$0^m,001$	$100,000 \times$	$0,001 = 100$ »

et ainsi de suite.

Des travaux égaux peuvent être composés d'une infinité de manières différentes, et les deux facteurs qui les composent varient en raison inverse l'un de l'autre.

126. **Cheval-vapeur.** — Le kilogrammètre, c'est-à-dire le travail qui consiste à élever 1 kilogramme à 1 mètre de hauteur dans une seconde, est une unité trop petite pour les usages industriels. Quand Watt (1) voulut se rendre compte de la

(1) Watt (James), ingénieur et mathématicien écossais, né en 1736, mort en 1819, inventa notamment le *condenseur* qui porte son nom, et la *machine à double effet*.

quantité de travail que ses machines à vapeur produisaient, il les compara au travail que des chevaux pouvaient fournir. Il observa, dans les mines de Cornouailles, que des chevaux vigoureux ne travaillant que 4 heures par jour pouvaient élever 75 kilogrammes à 1 mètre de hauteur par seconde. Il prit cette quantité de travail pour unité et l'appela *cheval-vapeur*.

Le cheval-vapeur vaut 75 *kilogrammètres par seconde.*

On peut admettre, dans la pratique, qu'il faut 7 chevaux ordinaires pour faire le même travail qu'un cheval-vapeur en 24 heures; et, comme il faut 7 hommes pour faire le travail d'un cheval ordinaire, le cheval-vapeur correspondrait au travail de 49 ou 50 hommes.

Un cheval-vapeur dépense en moyenne 2 kil. de houille par heure, soit environ 50 kil. de houille en 24 heures. Le travail d'un homme étant la 50e partie du travail d'un cheval-vapeur en une journée, correspondrait donc à 1 kil. de houille. Le prix d'un kilogramme de houille serait le juste salaire d'un homme qui ne peut employer que sa force musculaire. Ceci nous montre que l'homme doit cultiver surtout son intelligence et laisser aux moteurs inanimés le travail purement matériel.

Quand on emploie la notation du cheval-vapeur, il ne faut donc pas chercher à comparer le moteur inanimé à un cheval. Le moteur inanimé ne se fatigue pas. Il peut produire, sans interruption, la même quantité de travail. Quelquefois le moteur animé sait faire un effort énergique pendant un temps très-court. Les moteurs inanimés ne peuvent pas donner brusquement de pareils coups de collier. On se ferait une idée très-fausse du travail que 200 galériens à bord d'un navire pouvaient produire autrefois avec leurs rames, si l'on admettait qu'il faut 50 hommes pour faire en 24 heures le même travail qu'un cheval-vapeur. Ces 200 rameurs n'équivaudraient qu'à 4 chevaux-vapeurs, et cependant il est bien certain que, dans un moment de danger, ils pouvaient développer pendant un temps peu considérable, il est vrai, un travail dix fois plus fort que leur travail moyen. Ils équivalaient ainsi à plus de 40 chevaux.

127. **Cheval-vapeur nominal.** — Dans la marine on appelle *cheval-vapeur nominal* le quart du travail maximum que la machine à vapeur peut produire. Une machine à vapeur de 900 *chevaux nominaux* peut produire au besoin le travail de $900 \times 4 = 3600$ chevaux.

Dans les applications pratiques, on substitue souvent le mot *force* au mot *travail*. Une machine est de la force de 40 chevaux, quand elle produit le travail de 40 chevaux-vapeurs.

128. **Considérations générales sur le travail.** — La notion du travail mécanique permet de comparer les ouvrages les plus divers. On fait abstraction :

1° De la diversité des procédés employés;

2° De la nature de l'ouvrage produit.

Deux ouvrages doivent être considérés comme équivalents, s'ils exigent la même quantité de travail, et on pourra les produire successivement avec un même moteur.

C'est ainsi qu'étant données des forces motrices équivalentes, c'est-à-dire un manége, une roue hydraulique, une machine à vapeur produisant le même nombre de kilogrammètres, on peut les employer à faire marcher indistinctement un moulin, une scierie, une filature, une imprimerie, si ces différentes industries représentent la même quantité de travail.

La notion du travail permet aussi de juger sainement les différentes forces motrices. Il suffit qu'un des deux facteurs du travail $T = PH$ devienne très-petit, pour que le travail soit très-petit.

Exemples. — On sait que la force qui détermine la dilatation des corps sous l'influence de la chaleur est extrêmement considérable. Peut-on l'employer comme force motrice? Non, parce que le chemin H parcouru par l'extrémité du corps qui se dilate est très-voisin de zéro. Le produit PH est très-petit et ce genre de travail ne peut être avantageux.

Les aimants présentent un fait analogue. Ils peuvent produire une attraction P, très-grande, à une distance H très-petite. Le produit PH est donc très-petit, et le problème des moteurs électriques puissants n'est pas encore résolu.

La lumière ne peut pas produire de travail, car si le chemin H qu'elle parcourt est extrêmement considérable, sa force P est nulle.

CHAPITRE II.

Égalité du travail moteur et du travail résistant.

129. **Expérience.** — Sur une poulie extrêmement mobile (*fig.* 74), on enroule un fil de soie terminé par deux contre-poids égaux A et B. Ces deux contre-poids se font équilibre. Sur le support vertical qui porte cette poulie, on place deux disques annulaires C et D dans des positions telles que la partie supérieure des deux contre-poids A et B se trouve, au même moment, dans le plan des deux disques annulaires. On amène le contre-poids A à la partie supérieure de la machine. On place, sur l'anneau inférieur D, un poids additionnel allongé traversé par le fil, et l'on charge A d'un autre poids additionnel P; le poids A, sous l'influence du poids additionnel P, se met en mouvement, il parcourt le chemin $AC = H$. Le travail moteur produit par P parcourant H est

$$T = PH.$$

En arrivant dans le plan du disque annulaire C, le poids P est arrêté par le disque. Au même instant le contre-poids B, parvenu dans le plan du disque annulaire D, se charge du poids additionnel P'. En vertu de l'inertie, il enlève le poids P' et le remonte jusqu'à une hauteur que l'on observe. Soit H' cette hauteur. Le travail résistant est

$$T' = P'H'.$$

Les quatre quantités P,H,P',H' sont connues par l'expérience.

Dans tous les cas, on observe que

$$PH = P'H';$$

donc *le travail moteur égale le travail résistant*. Soit par exemple

$$P = 9 \text{ grammes},$$
$$H = 40 \text{ centimètres}.$$

Le travail moteur est

$$0^k,009 \times 0^m,4 = 0,0036 \text{ kilogrammètres}:$$

si

$$P' = 36 \text{ grammes},$$

on trouve que

$$H' = 40 \text{ centimètres}.$$

Le travail résistant est

$$0^k,036 \times 0^m,10 = 0,0036 \text{ kilogrammètres};$$

et si l'on donne à P' les valeurs

18, 12, 9, 6, 4, 3, 2, 1 grammes,

les valeurs correspondantes de H' sont

2, 3, 4, 6, 9, 12, 18, 36 centimèt. :

de façon que le produit P'H' reste toujours constant et égal au travail moteur.

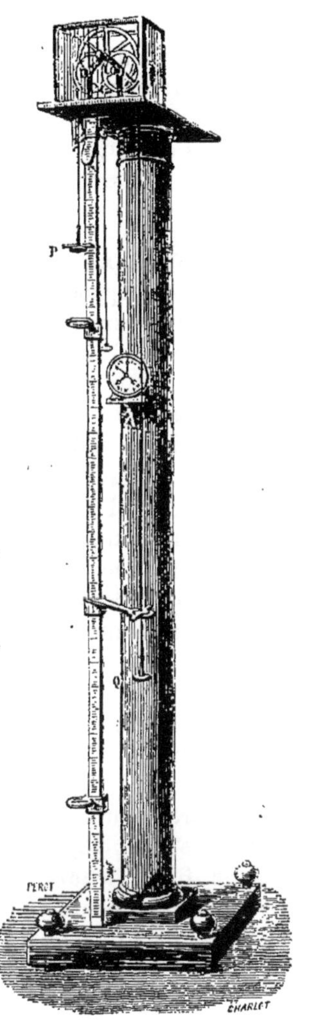

Fig. 74. — Machine d'Atwood.

Arrivé à la hauteur H', le poids retombe; le poids allongé P' s'arrête sur le disque annulaire C, et P remonte jusqu'à sa hauteur primitive; l'expérience se répète ainsi, identique à elle-même, un certain nombre de fois. Mais peu à peu les frottements, les chocs, amortissent le mouvement, et il arrive ce qui arrive au pendule après quelques oscillations, l'amplitude des mouvements diminue, et enfin la machine retourne à l'état de repos.

Toutes les machines fournissent aussi des vérifications expérimentales de cette grande loi de l'égalité du travail moteur et du travail résistant.

130. **Conséquences.** — Si à un travail moteur PH déterminé, on veut opposer un travail égal P'H', et que l'un des facteurs de ce produit augmente, l'autre facteur doit diminuer pour que le produit soit constant. Si la résistance vaincue augmente, le chemin qu'elle parcourt diminue. Ou, comme on le dit vulgairement : *On gagne en force ce que l'on perd en vitesse.* De même, si la résistance P' diminue, sa vitesse augmente et *on gagne en vitesse ce que l'on perd en force.*

Il semble qu'il doit être indifférent de transmettre le travail en donnant la supériorité soit à la force, soit à la vitesse. Au point de vue théorique, il est indifférent de transmettre le travail du moteur à un arbre de couche, en donnant à cet arbre de couche soit une vitesse très-faible, qu'on pourra multiplier, soit une vitesse très-considérable qu'on pourra diviser en la transmettant aux différentes machines de l'atelier. Des expériences récentes, faites sur une grande échelle, indiquent qu'il y a économie à éviter ces deux extrêmes. Il est convenable de donner à l'arbre de couche une vitesse moyenne qu'on devra modifier très-peu pour l'adapter à chaque machine spéciale.

Dans les filatures, dans les moulins, dans les ateliers de menuiserie, il conviendra de donner à l'arbre de couche une vitesse plus grande que dans les usines où se fait le travail du fer et des métaux, parce que la vitesse des premières machines doit toujours être plus grande que la vitesse des secondes.

CHAPITRE III.

Forces vives.

131. **Formule des forces vives.** — On a vu, dans le chapitre précédent (129), que le travail moteur est égal au travail résistant, et on a démontré expérimentalement la formule

$$PH = P'H'.$$

Quand un corps tombe de la hauteur H, il possède une certaine vitesse V, et on sait que la vitesse d'un corps qui tombe est (34)

$$V = \sqrt{2gH}.$$

De cette formule, on dégage la valeur de H,

$$H = \frac{V^2}{2g}.$$

On substitue cette valeur de H dans l'expression du travail moteur, il vient :

$$\frac{PV^2}{2g} = P'H';$$

mais

$$\frac{P}{g} = m \qquad (75),$$

donc

$$\frac{mv^2}{2} = P'H'.$$

Le travail moteur que possède un corps en mouvement est exprimé par la formule

$$\frac{mv^2}{2}.$$

Cette quantité de travail a été appelée, par Leibnitz (1), du nom de *force vive.*

132. Conséquences. — I. *La force vive d'un corps en mouvement ne peut jamais être nulle.* En effet, pour que $\frac{mv^2}{2} = o$, il faut que l'un des deux facteurs m ou v puisse être égal à zéro.

M ne peut pas être égal à zéro, puisque le corps a toujours une certaine masse.

V ne peut pas être nul, puisque le corps est en mouvement.

Le produit $\frac{mv^2}{2}$ ne peut donc jamais être nul.

Le travail moteur étant égal au travail résistant, on a

$$\frac{mv^2}{2} = P'H'.$$

Le premier membre ne pouvant pas être nul, le second ne sera jamais nul. Quelle que soit la résistance P', il faut qu'elle éprouve toujours un certain déplacement H' sous l'influence d'un corps en mouvement. Ceci explique les effets si remarquables du marteau, du bélier, des projectiles, et généralement de tous les corps en mouvement. Cette théorie nous fait voir pourquoi un individu qui se heurte en courant, peut se tuer, tandis qu'on ne peut pas même se blesser en s'appuyant de toutes ses forces contre un obstacle. Nous comprenons de même pourquoi un cheval attelé à une charge qu'il ne peut faire démarrer, se recule un peu pour donner le coup de collier.

(1) Leibnitz (Godefroy), illustre philosophe et mathématicien qui perfectionna, par ses découvertes et ses travaux, presque toutes les sciences, naquit à Leipsick, en 1646, et mourut en 1716.

133. — II. *La force vive croît proportionnellement à la masse du corps en mouvement.* On peut le démontrer en faisant tomber, de la même hauteur, des masses différentes, et en mesurant au dynamomètre les effets qu'elles produisent.

Les glaciers descendent avec une extrême lenteur du sommet des montagnes où les neiges sont perpétuelles. A cause de leur masse, leur force vive est tellement énorme, qu'aucun obstacle de l'art ou de la nature ne peut arrêter leur marche.

134. — III. *La force vive croît proportionnellement au carré de la vitesse.* — On le démontre en faisant tomber, de hauteurs différentes, un même corps, et en mesurant l'effet produit au dynamomètre.

Quand le mercure remonte brusquement dans un tube barométrique, il brise la partie supérieure du tube, si l'on n'a pas pris la précaution de ménager un étranglement qui ralentit l'ascension du mercure sans l'arrêter.

135. IV. Quand on veut obtenir des effets énergiques de force vive, il est préférable de chercher à *augmenter la vitesse plutôt que la masse du mobile.* En doublant la masse, on ne fait que doubler la force vive, et en doublant la vitesse on la rend quatre fois plus grande. C'est sur ce principe que l'on s'est fondé pour rendre les armes à feu plus meurtrières. On a généralement diminué le poids des projectiles et on a augmenté leur vitesse.

136. **Applications industrielles des forces vives.** — Les principales machines qui sont basées sur l'emploi des forces vives sont : le *marteau*, le *bélier hydraulique de Montgolfier* et l'*injecteur Giffard.*

137. **Marteaux.** — Un marteau est essentiellement formé d'une masse pesante, mobile, qui frappe une résistance. Dans le marteau à la main, on emmanche la masse pesante à l'extrémité d'une tige, et on lui fait décrire un arc de cercle, quelquefois un cercle entier. La longueur du manche augmente la

vitesse du marteau ; l'étendue de l'arc parcouru sous l'influence d'une force constante augmente l'accélération. Les marteaux des forgerons (*fig.* 75, n° 1), des carriers (n° 2), des casseurs de

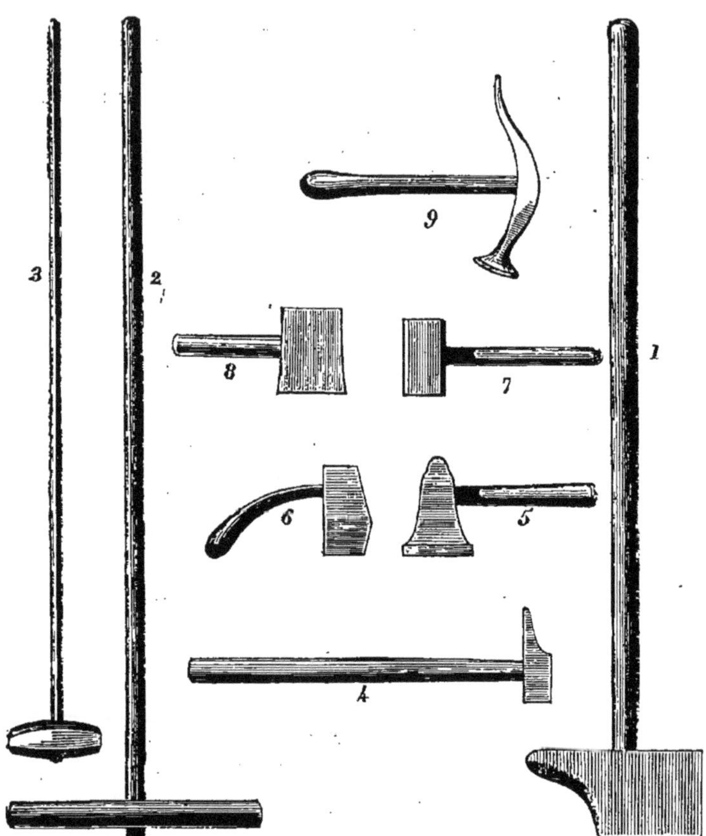

Fig. 75. — Différentes espèces de marteaux.

pierre (n° 3), doivent avoir des manches longs et parcourir de grands arcs de cercle pour produire le maximum d'effet. — Les marteaux des menuisiers (n° 4), des batteurs d'or (n° 5), des tailleurs de limes (n° 6), des sculpteurs (n° 7), des cloutiers (n° 8), et des cordonniers (n° 9), ont des manches courts et

Fig. 76. — Marteau frontal.

leur masse est d'autant plus considérable qu'ils doivent décrire des arcs de cercle moins étendus.

Quand le marteau à la main est devenu insuffisant pour les besoins de l'industrie, on a augmenté sa masse, comme dans le marteau frontal et le mouton.

138. **Marteau frontal et marteau pilon.** — Le *marteau frontal* est tout en fer (*fig.* 76). Une roue munie de cames G, le soulève par la tête AB et le laisse retomber sur l'enclume CD. L'effet qu'il produit est dû principalement à la masse du marteau.

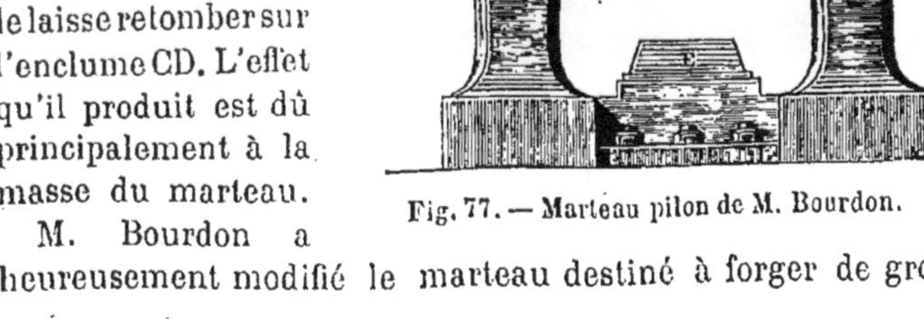

Fig. 77. — Marteau pilon de M. Bourdon.

M. Bourdon a heureusement modifié le marteau destiné à forger de grosses loupes de fer. Il a attaché une masse métallique MP (*fig.* 77), très-pesante, à l'extrémité de la tige du piston I d'une machine à vapeur CT. La vapeur pénètre dans le cylindre C, soulève ce marteau, puis elle s'échappe et le laisse retomber d'une hauteur égale à la course du piston. En laissant rentrer plus ou moins de vapeur dans le cylindre, pendant que le marteau retombe, on règle sa course avec une précision parfaite.

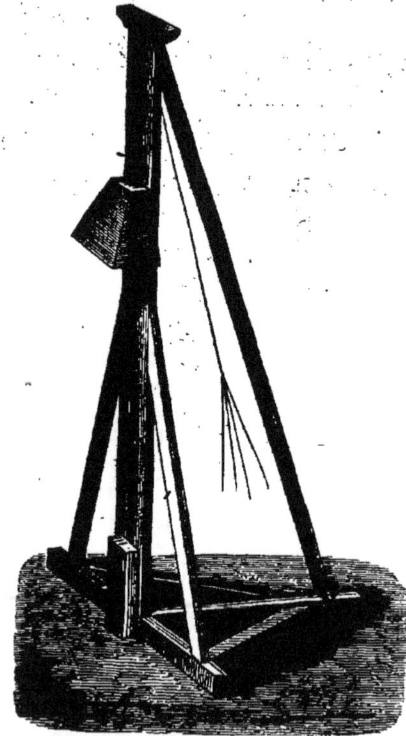

Fig. 78. — Mouton.

139. **Mouton.** — Le *marteau pilon* de M. Bourdon ne peut pas convenir pour enfoncer des pilotis. On emploie alors le *mouton* (*fig.* 78), formé d'une masse de fer considérable munie de deux oreilles qui la guident dans une glissière. Au moyen d'une pince attachée à l'extrémité d'une corde on enlève cette masse. Arrivée à une hauteur convenable, la pince s'ouvre en buttant contre une goupille. La masse tombe et va frapper l'extrémité du pilotis.

140. **Bélier hydraulique de Montgolfier** (1). — Cet appareil a pour but d'utiliser la force vive d'un courant d'eau pour élever une partie de cette eau à une hauteur considérable (*fig.* 79). Soit un tube horizontal EC communiquant d'un côté avec un réservoir d'eau A et de l'autre côté avec un

(1) Montgolfier (Joseph-Michel et Jacques-Etienne), physiciens du siècle dernier, se distinguèrent par leurs travaux en physique et en mécanique.

cylindre H ; dans ce cylindre se trouve une large soupape H chargée par un poids I. La soupape s'ouvre, sous l'influence de ce

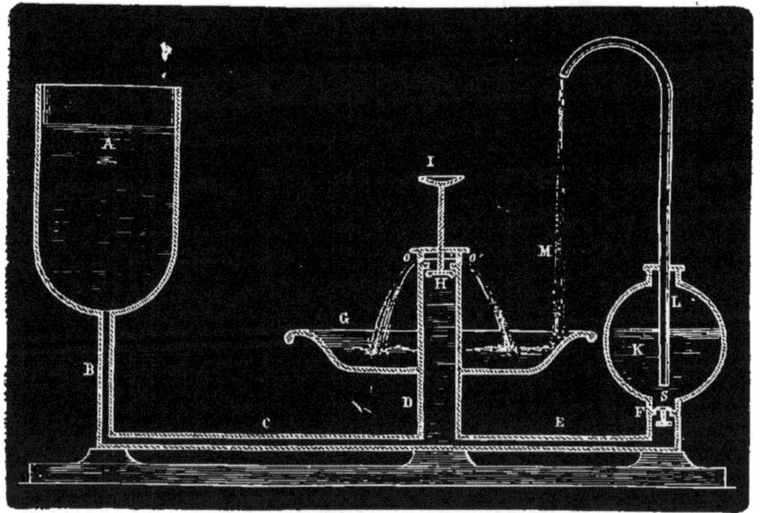

Fig. 79. — Bélier hydraulique de Montgolfier.

poids, et l'eau se répand dans le déversoir G par les ouvertures *oo'*. La vitesse d'écoulement de l'eau s'augmente, puisque la pression est constante. Quand la vitesse devient suffisamment grande, l'eau entraîne la soupape H, celle-ci se ferme et l'écoulement s'arrête brusquement. La force vive de l'eau réagit sur les parois du tube CE, fait ouvrir la soupape S, et une certaine quantité d'eau pénètre dans le réservoir à air K. Cette eau comprime l'air du réservoir; la soupape S se referme et la force élastique de l'air comprimé en L fait monter l'eau dans le tube L, de manière à produire le jet M. Pendant ce temps la soupape H retombe, l'écoulement recommence, et bientôt un second coup de bélier vient succéder au premier.

141. **Injecteur Giffard**. — Comme toutes les grandes découvertes, l'injecteur Giffard a été précédé de quelques faits scientifiques qui pouvaient le faire pressentir.

Deux expériences de M. Bourdon ont préparé la voie à cette belle invention.

142. **1re Expérience de M. Bourdon.** — Dans un réservoir A, on comprime de l'air au moyen de la pompe foulante B, et un manomètre métallique *a* (*fig.* 80) indique la

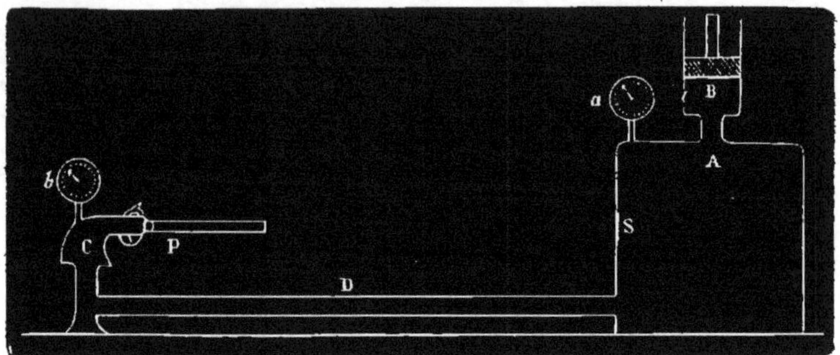

Fig. 80. — Première expérience de M. Bourdon.

pression. De ce réservoir part un tube B, communiquant avec la crosse d'un fusil à vent CP tourné vers le réservoir. Un second manomètre *b* indique la pression de l'air dans la crosse. Les deux manomètres indiquent la même pression, trois atmosphères par exemple. Dans le fusil se trouve une bille. On lâche la détente. La bille supportant d'un côté une pression de trois atmosphères, et de l'autre côté la pression atmosphérique, est chassée du fusil avec une certaine vitesse. Elle va frapper contre une soupape S adaptée à la paroi du réservoir. La force vive de la bille en mouvement fait ouvrir la soupape malgré la pression de l'air intérieur, et la bille rentre dans le réservoir à air comprimé.

143. **2e Expérience de M. Bourdon.** — Une petite chaudière M (*fig.* 81) est munié d'un tube effilé P, qui pénètre dans un tube de diamètre un peu plus considérable R coudé à angle droit. La branche I de ce tube plonge dans un réservoir d'eau G. La branche R est effilée en J. On chauffe la chaudière au moyen du fourneau F, l'ébullition commence, un jet de va-

peur jaillit par la pointe effilée du tube R. Ce jet de vapeur

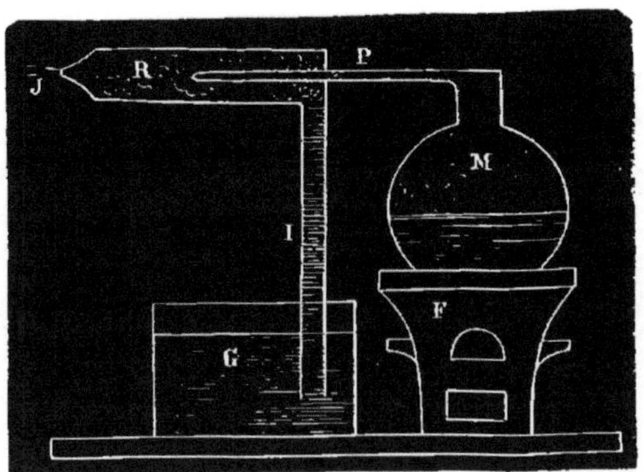

Fig. 81. — Deuxième expérience de M. Bourdon.

chasse les molécules d'air du tube R, aspire l'air de la branche I, et l'eau du réservoir s'élève dans cette branche. Bientôt l'appareil est amorcé, et l'eau jaillit avec force par l'extrémité effilée J.

144. **Description de l'injecteur Giffard.** — Réduit à sa plus simple expression et débarrassé de toutes les pièces accessoires, cet appareil se compose essentiellement de deux tubes effilés concentriques AB (*fig.* 82). Le tube A communique avec le générateur C. Un robinet R permet d'ouvrir ou de fermer la communication avec la chaudière. Le tube B communique avec le réservoir D plein d'eau; une soupape conique manœuvrée par la manivelle M sert à régler le jet de vapeur. La vapeur, en s'échappant par l'extrémité du tube A, chasse l'air que renferme le tube extérieur B et y fait un vide relatif. Si l'eau du réservoir D est froide, elle est aspirée et s'élève jusque dans le tube B, à condition toutefois que la longueur du tube d'aspiration n'excède pas 10 mètres. Si, au contraire, l'eau de ce réservoir est chaude, elle entre en ébullition dans le vide, émet de la vapeur, et l'aspiration ne se produit plus. L'expérience a appris que l'injecteur Giffard cesse de fonctionner quand la température de l'eau du réservoir atteint 46 degrés.

L'appareil étant amorcé, la pression de la vapeur chasse vi-

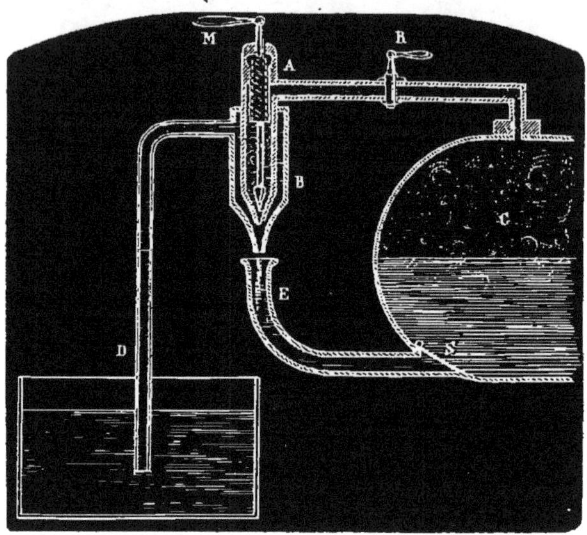

Fig. 82. — Description de l'injecteur Giffard.

vement l'eau par l'extrémité effilée du tube B, parce que la pression atmosphérique extérieure est bien inférieure à la pression intérieure de la chaudière.

L'eau ainsi chassée pénètre dans un tube E qui se termine par la soupape S. La force vive de cette eau fait céder la soupape, et l'eau pénètre dans la chaudière malgré la pression que la vapeur exerce en sens contraire.

Cet injecteur est très-utile pour alimenter toutes les machines à vapeur. Il est indispensable aux locomotives, parce qu'il permet d'alimenter sur place, en gare ou en station, tandis que les pompes alimentaires employées auparavant ne fonctionnaient qu'autant que la locomotive marchait. Il n'est pas sujet à se détériorer comme les pompes.

Depuis peu de temps on a fait une application intéressante de l'injecteur Giffard pour le nettoyage des maisons. Sur un chariot on a installé une chaudière, un réservoir d'eau froide et cinq injecteurs Giffard. On chauffe la chaudière; on alimente le réservoir au moyen des eaux de la Ville par un simple tube en caoutchouc. On fait marcher les injecteurs. L'un alimente la chaudière, les quatre autres envoient l'eau dans des tubes de caoutchouc qui s'élèvent jusqu'à l'échafaudage mobile où les ouvriers se tiennent. Ceux-ci sont vêtus de caoutchouc; de la main gauche, ils guident le jet d'eau que l'injecteur leur envoie sans cesse; de la main droite, ils manient une brosse de chiendent. Chaque ouvrier peut nettoyer en un jour de 80 à 100 mètres carrés. L'eau qui jaillit est à la température de 46 degrés. La consommation de combustible est d'environ 6 kilogrammes par heure.

CHAPITRE IV.

Rendement des machines.

145. **Du rendement.** — Le travail moteur est toujours égal au travail résistant. Le travail résistant se compose, non-seulement du travail utile que la machine doit produire, mais encore de tous les effets secondaires qui peuvent se manifester. Ces effets secondaires forment le *travail perdu*. Les causes de perte de travail seront étudiées plus loin.

L'égalité du travail moteur et du travail résistant devient

$$\textit{Travail moteur} = \textit{Travail utile} + \textit{Travail perdu}$$

par conséquent

$$\textit{Travail utile} < \textit{Travail moteur}$$

et

$$\frac{\textit{Travail utile}}{\textit{Travail moteur}} < 1$$

Le rapport du travail utile *produit* au travail moteur *dépensé* s'appelle le *rendement de la machine*.

Le rendement établit la valeur industrielle d'un appareil. Il est toujours plus petit que l'unité, puisque le rapport qui l'exprime est une fraction proprement dite, dont le numérateur est plus petit que le dénominateur. On doit chercher à le faire tendre vers l'unité, en supprimant autant que possible les travaux perdus.

Les machines actuelles sont, à ce point de vue, bien supérieures à ce qu'elles étaient il y a un demi-siècle, leur rendement s'étant beaucoup accru.

146. **Rendement des machines formées de corps solides.** — Dans les machines qui ne sont formées que de pièces solides, le rendement peut s'élever à 0,95, c'est-à-dire qu'un travail moteur égal à 100 kilogrammètres peut produire un travail utile de 95 kilogrammètres; généralement il ne descend pas au-dessous de 0,80.

147. **Rendement des machines hydrauliques.** — Le rendement des machines hydrauliques varie entre 0,80 au maximum et 0,60 au minimum, c'est-à-dire qu'un travail moteur égal à 100 kilogrammètres peut produire un travail utile variable de 80 à 60 kilogrammètres.

148. **Rendement des machines à gaz.** — Dans les machines à gaz le rendement ne dépasse pas 0,16, c'est-à-dire qu'un corps pesant 100 kilogrammes et tombant de 1 mètre de hauteur, ne peut pas chasser plus de 16 kilogrammes d'air, ou 12,000 litres d'air à 1 mètre de distance dans le même temps.

Les machines à gaz sont donc essentiellement désavantageuses pour transmettre des travaux considérables. Les expériences faites sur une grande échelle, pendant quinze ans, au chemin de fer atmosphérique de Saint-Germain l'ont parfaitement démontré. Dans l'état actuel de l'industrie, il vaut mieux employer toute autre disposition que l'air comprimé ou raréfié pour transmettre le travail.

Cependant les machines à gaz peuvent être précieuses pour transmettre les forces minimes. On a construit avec succès des sonneries, mises en mouvement à de grandes distances par l'air comprimé dans un tube.

Depuis quelque temps, l'Administration Télégraphique se sert de l'air comprimé pour transmettre à la Direction Centrale les télégrammes reçus dans les divers quartiers de Paris. Les dépêches écrites sont enfermées dans des boîtes cylindriques ; ces boîtes forment des pistons mobiles dans de longs tubes bien calibrés ; la différence de pression les fait avancer avec une grande vitesse. Les résultats sont satisfaisants, mais nous ne pouvons juger sainement la valeur de cette application, ignorant la dépense de force motrice nécessaire pour chasser une de ces boîtes à 1 kilomètre de distance.

149. **Mouvement perpétuel.** — Pour obtenir un mouvement perpétuel, il faudrait que le rendement d'une machine fût égal à 1, c'est-à-dire que toutes les causes de perte de travail fussent anéanties. Par exemple, si 100 kilogrammes d'eau tombant de 1 mètre de hauteur pouvaient faire monter dans le même temps 100 kilogrammes d'eau à 1 mètre de hauteur, la même eau pourrait suffire pour faire mouvoir constamment un moteur hydraulique, et l'on obtiendrait du mouvement sans rien dépenser.

La découverte du mouvement perpétuel est un problème impossible à résoudre. Mais on doit chercher à en approcher sans pouvoir jamais l'atteindre. On s'en rapproche en supprimant tous les travaux inutiles.

Quelques appareils de physique se rapprochent du mouvement perpétuel. On peut citer les fléaux des balances de précision, les aiguilles des boussoles, la poulie de la machine d'Atwood, les pendules. Dans tous ces appareils, le mouvement persévère pendant un temps très-long, il est vrai, mais toujours limité.

150. **Multiplication du travail.** — La multiplication du travail consisterait à obtenir un travail utile plus grand que le travail moteur dépensé, c'est-à-dire un rendement plus grand que 1. Le problème de la recherche de la multiplication du travail est un problème absurde. Il consisterait à supposer qu'une

roue hydraulique recevant 100 kilogrammes d'eau tombant de 1 mètre de hauteur, pourrait, non-seulement relever toute cette eau à la même hauteur et s'alimenter ainsi elle-même, mais encore mettre d'autres machines en mouvement et servir ainsi de moteur pour une usine.

L'impossibilité de la multiplication du travail jette un grand jour sur un certain nombre de phénomènes physiques. Si, par exemple, nous voulons nous expliquer pourquoi les courants d'induction ne sont pas continus, nous observerons qu'un aimant est engendré par un courant agissant pendant un temps infiniment court. Cet aimant ne peut pas restituer plus d'électricité qu'il n'en a reçu. S'il pouvait produire des courants continus, l'effet serait supérieur à la cause, le rendement serait plus grand que 1, la multiplication du travail serait possible, le mouvement perpétuel serait réalisé. La grande loi de Lavoisier (1) : *Dans la nature, rien ne se crée, rien ne se perd*, serait inexacte.

CHAPITRE V.

Résistances passives. — Pertes de travail par communication du mouvement.

151. **Les corps mis en mouvement reviennent au repos.** — D'après la loi de l'inertie, un corps mis en mouvement et abandonné à lui-même devrait se mouvoir indéfiniment dans la même direction et avec la même vitesse. Cependant l'expérience nous montre que ce corps ne tarde pas à s'arrêter. Les anciens philosophes expliquaient ce fait en attribuant à la matière un certain penchant pour le repos. Ils la comparaient à un homme paresseux qui a horreur du travail, et qui a hâte de retourner au repos dès qu'on cesse de le pousser.

(1) Lavoisier (Antoine-Laurent), né à Paris, mort durant la tourmente révolutionnaire, a posé les bases de la chimie moderne.

Cette explication est inexacte. Les corps mis en mouvement reviennent au repos à cause des pertes de travail qu'ils éprouvent et des résistances passives qu'ils rencontrent.

152. **Résistance des milieux.** — La résistance des milieux est due à la communication du mouvement. Un corps qui se meut dans l'eau, doit fendre la couche d'eau qu'il rencontre, et il perd une quantité de mouvement égale à celle qu'il donne à l'eau. A mesure qu'il avance, il rencontre d'autres couches en repos, les écarte pareillement pour se frayer sa route et perd ainsi de nouvelles quantités de mouvement (80).

Pour démontrer expérimentalement la résistance que l'eau

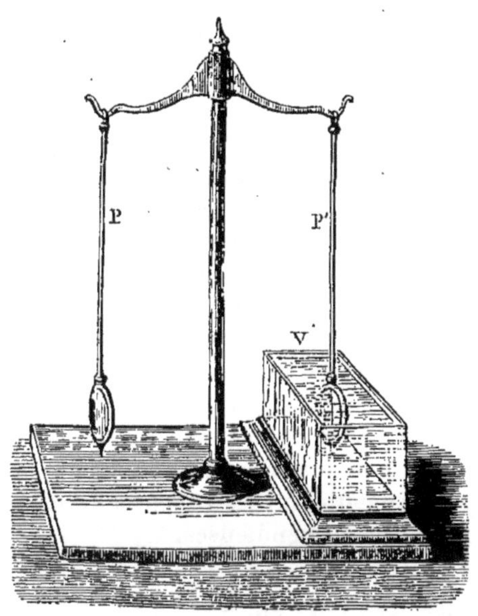

Fig. 83. — Résistance des milieux.

oppose au mouvement d'un corps (*fig.* 83), on se sert de deux pendules P,P' identiques, suspendus à un même support. Dans l'air, les deux pendules font leurs oscillations dans le même temps. Il suffit que l'un de ces pendules plonge d'une très-petite quantité dans l'eau de la cuve V, pour qu'il soit en retard sur l'autre pendule. Ce retard est dû à la quantité de mouvement que le pendule communique à l'eau qu'il traverse.

153. — On admet que *la résistance des milieux est proportionnelle au carré de la vitesse du corps qui les traverse.* En effet, quand la vitesse d'un mobile devient double, 1° il rencontre deux fois plus de molécules auxquelles il donne du mouvement, ce qui fait une résistance double; 2° comme il va deux fois plus vite, il donne à ces molécules deux fois plus de vitesse, ce qui double encore la résistance. Donc, quand la vitesse devient 2, la résistance devient 4.

De même, avec une vitesse triple, le corps rencontre trois fois plus de molécules auxquelles il donne trois fois plus de vitesse, ce qui fait une perte neuf fois plus grande, et ainsi de suite.

154. **Ébranlement des supports.** — Un corps en mouvement communique une partie de son mouvement aux corps solides qui le supportent. On peut observer que le passage d'une voiture dans la rue ébranle plus ou moins le sol et les maisons du voisinage. Un train de chemin de fer produit un ébranlement beaucoup plus considérable. Les planchers des usines éprouvent des trépidations continuelles, surtout dans le voisinage des machines puissantes.

Ces pertes de travail sont doublement nuisibles : en premier lieu, elles absorbent une quantité considérable de mouvement ; en second lieu, elles détériorent les supports et provoquent des réparations souvent très-dispendieuses.

155. **Raideur des cordes.** — Pour enrouler une corde sur une poulie, il faut dépenser une certaine quantité de travail. Coulomb a trouvé que *la force avec laquelle les cordes résistent à la flexion est inversement proportionnelle au diamètre de la poulie, et directement proportionnelle au carré du diamètre de la corde.*

Quand les cordes ont acquis par l'usage une plus grande souplesse, la résistance devient proportionnelle au diamètre de la corde.

D'après ces lois, la perte sera très-petite si l'on enroule une corde de très-petit diamètre sur une poulie de grand rayon, et elle sera très-grande si l'on enroule un câble de fort diamètre sur une poulie de petit rayon.

Pour transmettre la force motrice à de grandes distances, on emploie, d'après ce principe, des câbles en fils d'acier qui passent sur deux poulies de grand diamètre. Des rouleaux placés de distance en distance soutiennent ce câble. La perte de travail, due à ce mode de transmission, est plus faible que celle que l'on aurait en transmettant le travail par un arbre prolongé suffisamment. Cet arbre, en effet, devrait être porté par des supports auxquels il communiquerait une quantité notable de son mouvement.

156. **Bruit.** — « Le bruit dans un atelier appelle la faillite et la ruine, » a dit Franklin (1). Si une machine est bruyante, on peut être certain que l'ébranlement des supports est considérable. Les différentes pièces se choquent les unes contre les autres. Ces chocs amènent une usure rapide, des déformations de pièces, des pertes énormes de force vive, en un mot, une grande quantité de travail perdu en résultats toujours inutiles et souvent nuisibles.

Quand Louis XIV fit établir les célèbres pompes de Marly, un poëte, pour vanter la magnificence du grand roi, disait que ces machines s'entendaient à deux lieues de distance. Leur rendement atteignait à peine 15 p. 100. Actuellement elles viennent d'être réparées. On ne les entend presque plus, et leur rendement s'est élevé à près de 80 p. 100.

Il y a cependant des cas pour lesquels la nature même du travail utile exige la production de ces chocs. Ainsi, quand on forge le fer, une quantité énorme de force vive est dépensée en pure perte. Cette dépense inutile est considérablement moindre quand on traite le fer au laminoir. Ce mode de fabrication a

(1) Franklin (Benjamin), né à Boston, en 1706, mort en 1790, rendit de nombreux services aux États-Unis, sa patrie. Savant aussi illustre que grand citoyen, il fit de belles découvertes en physique.

une supériorité incontestable sous le rapport dynamique. Mais on doit tenir compte de la qualité des produits, ce qui se rattache à des considérations indépendantes des lois de la mécanique.

157. **Changements brusques de mouvement.** — Si l'on change brusquement le mouvement d'une pièce, la quantité de mouvement qu'elle possède doit se dépenser à des travaux inutiles, pour être remplacée par une nouvelle quantité de mouvement. Quand une pièce décrit des mouvements alternatifs, il faut s'arranger pour que la vitesse aille en décroissant, et finalement soit nulle, au moment où la pièce change le sens de son mouvement; autrement il y aurait des secousses et des pertes de travail. Ramener tous les mouvements à la continuité, autant que cela peut se concilier avec la nature et la qualité des produits, est un des grands principes de la mécanique industrielle.

158. **Production de chaleur, d'électricité et de lumière.** — La chaleur, l'électricité, la lumière sont des manifestations diverses des forces.

Si la chaleur peut engendrer le mouvement, réciproquement le mouvement peut se transformer en chaleur.

On a reconnu, par expérience, que la chaleur nécessaire pour élever de 1 degré la température de 1 kilogramme d'eau, correspond à 440 kilogrammètres, et réciproquement 440 kilogrammètres équivalent à 1 calorie.

Quand un outil s'échauffe pendant le travail, et qu'on le refroidit avec de l'eau, l'eau enlève de la chaleur et par conséquent du travail. Il ne faut pas refroidir les outils, mais les empêcher de s'échauffer.

La production de magnétisme s'observe dans tous les outils d'acier. La production d'électricité est rarement observable, à cause de la conductibilité des pièces; il n'est pas douteux qu'elle existe. On en voit un exemple dans les fabriques de papier. Le papier, qui est mauvais conducteur, est toujours fortement électrisé après avoir été soumis aux opérations mécaniques.

La lumière accompagne généralement les grandes productions de chaleur.

Les transformations du mouvement, de la chaleur, de l'électricité, de la lumière et des actions chimiques se font aux dépens les unes des autres. Les combustions vives produisent de la chaleur et de la lumière aux dépens de l'électricité; les combustions lentes donnent de l'électricité et peu de chaleur: la flamme du gaz d'éclairage est éclairante quand elle est peu calorifique, et cesse d'être éclairante quand elle produit beaucoup de chaleur. En un mot, en diminuant tous les effets secondaires inutiles, on augmente l'effet principal qu'on se propose d'obtenir.

CHAPITRE VI.

Résistances passives (*Suite*).

FROTTEMENT.

159. **Frottement.** — Les lois du frottement ont été découvertes par Coulomb, et vérifiées par le général Morin qui leur a donné un très-grand degré de précision.

On doit distinguer deux sortes de frottement : 1° *le frottement de glissement,* qui a lieu lorsqu'un même point du corps frottant touche successivement deux ou plusieurs points consécutifs du corps frotté; exemple : un livre qui glisse sur une table; 2° *le frottement de roulement,* qui a lieu lorsqu'un même point du corps frottant ne touche pas successivement deux points consécutifs du corps frotté. Exemple : une bille qui roule sur une table. Chaque point différent de la bille touche successivement un point différent de la table.

160. 1. **Frottement de glissement. — Expériences.** — Pour établir les lois du frottement de glissement, on peut opérer de plusieurs manières différentes.

1er Procédé. Sur un plan horizontal bien dressé (*fig.* 84), on place le corps que l'on veut soumettre à l'expérience. A ce corps on attache un fil qui passe sur une poulie, et se termine par un plateau dont on connaît le poids. On charge ce plateau avec des poids jusqu'à ce que le corps soit mis en mouvement.

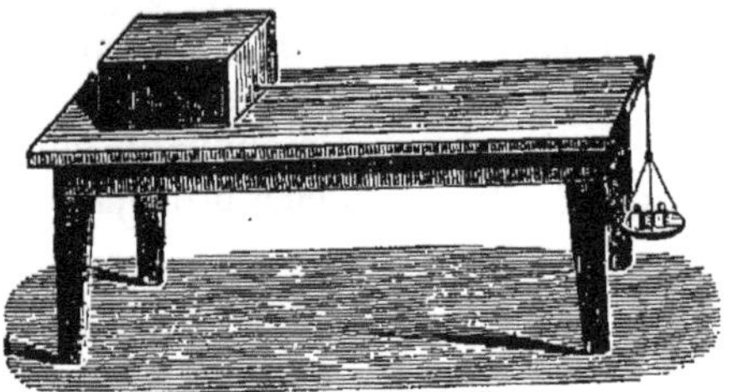

Fig. 84. — Frottement de glissement.

La somme des poids du plateau et des poids qu'on y a ajoutés donne l'intensité de la force de frottement qui s'opposait au mouvement du corps.

2e Procédé. On place une caisse C sur un plan incliné AB (*fig.* 85) auquel on peut donner une inclinaison convenable, que

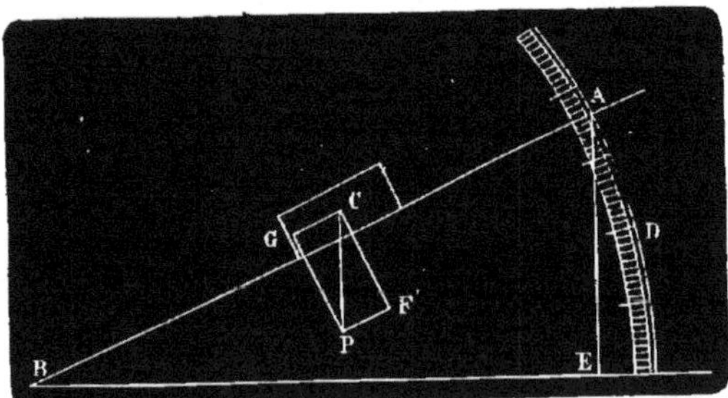

Fig. 85. — Glissement de frottement.

l'on mesure au moyen de l'arc de cercle divisé D. On augmente lentement l'inclinaison du plan jusqu'à ce que le corps C commence à glisser.

Le corps C est sollicité par l'action de la pesanteur CP ; cette force se décompose d'après la règle du parallélogramme des forces en deux forces, l'une CG parallèle au plan; cette force devrait déterminer le mouvement, s'il n'y avait pas de frottement; l'autre CF perpendiculaire au plan est la pression de C contre le plan.

Les deux triangles CPF et BAE sont équiangles, car ils sont rectangles, l'un en F, l'autre en E, et ils ont l'angle PCF égal à l'angle ABE, à cause des côtés CP, CF respectivement perpendiculaires aux côtés BE et BA.

Ces deux triangles sont semblables, et on a la proportion :

$$\frac{CF}{CP} = \frac{BE}{BA}.$$

Ce que l'on peut énoncer :

La pression de la caisse contre le plan est à son poids comme la base du plan est à la longueur du plan.

On a aussi :

$$\frac{PF}{CP} = \frac{AE}{AB};$$

C'est-à-dire :

La force avec laquelle la caisse tend à glisser est à son poids, comme la hauteur du plan incliné est à sa longueur.

De ces deux proportions on tire par division :

$$\frac{PF}{CF} = \frac{AE}{BE}.$$

Ou :

La force qui tend à faire glisser le corps est à la pression que ce corps exerce sur le plan dans le rapport de AE *à* BE, *rapport qui dépend de l'angle* ABC.

On observe que, quelle que soit la charge de la caisse, l'angle ABE pour lequel la caisse commence à glisser, ne varie pas. Donc le rapport du frottement à la pression reste le même.

Ce quotient constant s'appelle le *coefficient de frottement.*

Avec l'appareil précédent, on peut mesurer très-facilement le coefficient de frottement, puisqu'il est égal au rapport de AE à BE, c'est-à-dire à la tangente trigonométrique de l'angle B.

161. **Lois du frottement.** — Le frottement est dû aux aspérités des corps en contact. Ces aspérités engrènent les unes dans les autres, et il faut nécessairement faire agir une force plus ou moins grande pour vaincre la résistance qu'elles opposent au glissement.

162. Si cet aperçu est fondé, le *frottement augmente avec l'étendue des surfaces en contact.*

L'expérience confirme cette loi, et dans la pratique on en fait de fréquentes applications dans la construction des freins. On donne à ces freins une surface suffisante pour que leur frottement puisse éteindre la force vive que les corps en mouvement possèdent.

163. *Le frottement augmente avec la pression qu'un corps exerce sur la surface sur laquelle il frotte.*

Cette loi se démontre en chargeant plus ou moins la caisse mobile qu'on fait glisser sur le plan. Le surcroît de pression a pour résultat d'engager davantage les unes dans les autres les aspérités des surfaces en contact.

164. Il résulte de ces deux lois fondamentales que : *Si un même corps polyédrique à faces inégales glisse successivement sur ses différentes faces, le frottement reste constant malgré l'étendue inégale des faces.*

Ce fait que l'expérience démontre et qui peut sembler singulier au premier coup d'œil, peut cependant se prévoir. En effet, si l'une des faces a 100 centimètres carrés et l'autre face 200 centimètres carrés, chaque centimètre carré de la première face supporte une pression double de la pression supportée par chaque centimètre carré de la seconde face. L'augmentation de pression compense la diminution d'étendue et le frottement reste constant.

Coulomb démontrait cette loi par expérience en faisant glisser un tronc de cône, tantôt sur sa grande base, tantôt sur sa petite base.

165. Toutes ces lois s'accordent très-bien avec l'idée natu-

relle que nous nous faisons du frottement. D'autres faits nous portent cependant à croire que l'entrelacement des aspérités qui sont à la surface des corps n'est pas la seule cause du frottement. La nature chimique des corps en contact a une influence bien marquée. Ainsi, on observe que *le frottement de deux corps de même nature est plus considérable que le frottement de deux corps de nature différente.*

Exemple. — Le frottement du bois sur du bois étant $\frac{1}{2}$ de la pression, celui du fer sur du fer étant $\frac{1}{4}$ de la pression, le frottement du fer sur le bois est seulement $\frac{1}{5}$ de la pression. On reconnaît de même, par expérience, que le frottement de deux pièces de bois est plus petit quand les fibres sont perpendiculaires que quand elles sont parallèles, et que les enduits gras diminuent beaucoup le frottement.

166. *Le frottement est indépendant de la vitesse du mobile; il est plus grand au départ que pendant le mouvement.*

Il faut une force plus grande pour mettre un corps en mouvement que pour le maintenir dans cet état de mouvement. Le frottement acquiert sa valeur maximum après un contact plus ou moins prolongé, variable suivant les corps, depuis quelques heures jusqu'à plusieurs jours.

167. **Frottement de roulement.** — L'appareil dont

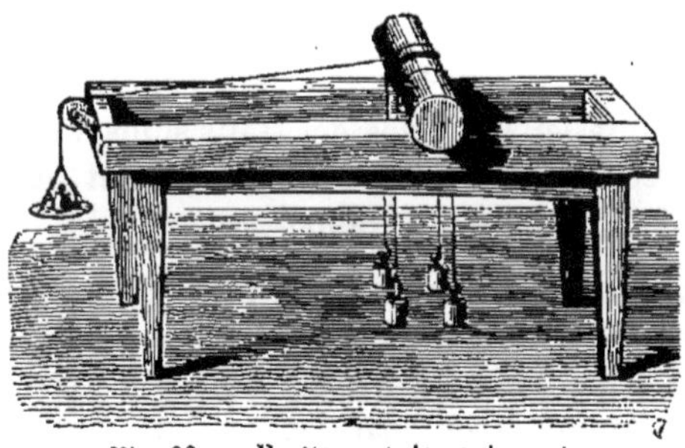

Fig. 86. — Frottement de roulement.

Coulomb s'est servi est une table parfaitement horizontale

(*fig.* 86). Une ouverture est ménagée en son milieu sur toute sa longueur. Un rouleau est posé sur cette table. On charge ce rouleau avec des poids suspendus aux deux extrémités d'une corde placée sur le rouleau. Le mouvement s'obtient au moyen d'une seconde corde enroulée sur le rouleau, cette corde passe sur une poulie et se termine par un plateau qu'on charge avec des poids.

Les expériences de Coulomb (1) ont démontré que *la résistance au roulement est proportionnelle à la pression exercée par le rouleau et indépendante du diamètre du rouleau.*

Cette résistance est toujours plus petite que la résistance au glissement.

168. **Application des lois du frottement.** — Soit un fardeau placé sur un plan, on demande quelle direction il convient de donner à la puissance pour faciliter son mouvement.

Supposons la force motrice parallèle au plan, elle aura à vaincre le frottement qui correspond à une pression égale au poids entier du fardeau.

Si, au contraire, la force motrice agit obliquement sur le fardeau, cette force peut se décomposer en deux autres, l'une de bas en haut, qui diminue la pression sur le plan, l'autre horizontale qui détermine la traction. *L'inclinaison de la force qui convient le mieux est celle qu'il faudrait donner au plan pour que le mobile surmontant les frottements puisse se mouvoir par l'action seule de la pesanteur.*

Sur une route bien entretenue, à plus forte raison sur les chemins de fer, la force motrice doit être sensiblement parallèle à la voie, tandis qu'on doit atteler les charrues, les herses par leur partie inférieure et avec des traits suffisamment courts, pour que la force motrice des chevaux, agissant obliquement, les soulève et facilite leur mouvement.

169. **Rouleaux et roues.** — Le frottement de roulement étant beaucoup plus petit que le frottement de glissement, il y a avantage à placer les fardeaux sur des rouleaux. Ce procédé est employé continuellement par les maçons lorsqu'ils ont à

(1) Coulomb (Charles-Auguste de), célèbre physicien, né à Angoulême, en 1736, mort en 1806, a fait des découvertes capitales, notamment en électricité.

faire avancer des blocs de pierres considérables. Mais il devient impraticable quand le fardeau doit parcourir une grande distance, à cause du temps perdu pour reporter en avant les rouleaux que le fardeau laisse derrière lui en avançant. On remplace les rouleaux par des roues que l'on peut regarder comme étant des rouleaux qui cheminent avec le fardeau.

Quelques industriels attribuent la diminution du frottement obtenu par l'emploi des roues à la lenteur avec laquelle la roue tourne sur l'essieu, comparée à la vitesse de la circonférence de la roue. Cette manière de voir n'est pas exacte, puisque le frottement ne varie pas sensiblement avec la vitesse.

Les fardiers, les voitures de pierres, ont des roues d'un grand diamètre. En effet, les grandes roues sont moins exposées à s'enfoncer dans les creux de la route, et elles n'ont pas à soulever aussi brusquement le fardeau pour vaincre les résistances qui leur font obstacle ; leur centre tourne autour de cet obstacle en décrivant une circonférence de grand rayon, et l'on gagne en force ce que l'on perd en vitesse.

170. **Paliers graisseurs.** — Dans toutes les industries on emploie des arbres tournants dans des coussinets ou paliers pour transmettre le mouvement de la puissance à la résistance.

Ces arbres glissent dans les coussinets et en éprouvent des frottements considérables qui consomment une grande partie du travail moteur.

Les coussinets doivent être formés d'une autre substance que l'arbre, car l'expérience apprend, comme on l'a déjà vu, que le frottement de deux corps de même nature est toujours plus grand que le frottement de deux corps de nature différente. Dans les ateliers, on fait généralement les coussinets en bronze et les arbres en fer. On a beaucoup vanté les coussinets en bronze d'aluminium ; leur coefficient de frottement est, dit-on, inférieur au coefficient de frottement du bronze ou du laiton ordinaire.

La présence des enduits ou des corps gras diminue le frottement. Il ne faut donc pas manquer de graisser souvent les parties frottantes des corps en mouvement.

Le corps gras que l'on préfère dans les ateliers est l'huile de pied de bœuf, qui se résinifie très-peu au contact de l'air.

Cette huile coûte cher, et, par suite, le graissage des machines devient dispendieux. Il convient d'établir le graissage de telle façon qu'il n'exige que peu de main-d'œuvre, que l'huile soit constamment amenée et complétement utilisée.

Le graissage à la main par les mécaniciens ne vaut rien, parce que l'ouvrier met trop d'huile à la fois et n'en met pas assez fréquemment; de là une grande dépense d'huile et un graissage insuffisant.

171. **Palier graisseur de Decoster.** — Le problème du graissage automatique et économique des arbres de couche a été résolu par Decoster, constructeur de machines-outils, à Paris. Decoster plaça un réservoir d'huile D (*fig.* 87) au-dessous du coussinet inférieur, et il disposa un disque B sur l'arbre de couche AC. La partie inférieure du disque plonge dans l'huile, le mouvement de rotation de l'arbre fait remonter un peu d'huile adhérente au disque et la projette au-dessus et autour de lui en vertu de la force centrifuge. Cette huile se répand ainsi entre l'arbre et les coussinets; l'excès d'huile retombe dans le réservoir, les impuretés se déposent au fond de

Fig. 87. — Palier graisseur de Decoster.

la cavité. Le seul inconvénient de cet appareil, c'est que l'huile trop fortement agitée s'émulsionne et s'altère par le contact de l'air.

172. **Palier graisseur de M. Mesnier.** — M. Mesnier a modifié heureusement le palier de Decoster (*fig.* 88). Il a remplacé le disque claveté sur l'arbre, par un rouleau en bois E

flottant sur l'huile D et touchant l'arbre de couche ABC. Le

Fig. 88. — Palier graisseur de M. Mesnier.

mouvement de rotation de l'arbre entraîne le rouleau, qui amène ainsi constamment une petite quantité d'huile au contact de l'arbre. L'huile est moins agitée que dans l'appareil précédent, et on réalise une économie notable.

173. **Emploi utile des frottements.** — Souvent on est obligé, dans l'industrie, d'arrêter promptement les mouvements. Le travail moteur ne pouvant pas s'annuler, on le dépense en frottements, puisque le frottement est une des causes les plus actives de perte de travail moteur.

Les mariniers se servent d'une corde qu'ils enroulent sur un arbre. Le frottement est tellement considérable, que la résistance opposée par l'homme est $\frac{1}{5}$ de la traction quand la corde ne fait qu'un tour sur l'arbre; elle est $\frac{1}{5^2}$ ou $\frac{1}{25}$ quand la corde fait deux tours, $\frac{1}{5^3}$ ou $\frac{1}{125}$ quand la corde fait trois tours et ainsi de suite. De sorte qu'une corde non attachée par une de ses extrémités, peut retenir une charge énorme si elle fait un nombre suffisant de tours sur l'arbre.

Cette propriété est utilisée dans les treuils et les cabestans.

174. **Frein à ruban.** — Pour ralentir la vitesse d'un corps qui descend suspendu à l'extrémité d'une corde, on place sur l'arbre autour duquel la corde s'enroule une poulie plate de

grand diamètre. Un ruban d'acier fixé par une de ses extrémités au bâtis, embrasse cette poulie ; l'autre extrémité de ce ruban est attachée à un levier. En pressant sur ce levier, le ruban d'acier serre la poulie et oppose à son mouvement un frottement suffisant pour l'arrêter.

175. **Frein des voitures.** — Quand une voiture chargée s'engage sur un plan incliné, les voituriers serrent le frein, c'est-à-dire qu'ils font appuyer sur la roue une pièce fixe, en bois, pour établir le frottement. La pression du frein sur la roue est produite tantôt par des leviers comme dans les charrettes chargées de pierres, tantôt par des vis comme dans les wagons de chemin de fer.

LIVRE IV.

MACHINES.

CHAPITRE I.

Considérations générales sur les machines.

176. — **Considérations générales sur les machines.** — On appelle *machine* toute pièce ou tout assemblage de pièces servant à transmettre la puissance dont on dispose, à la résistance qu'on veut vaincre.

Une machine ne peut créer ni force ni mouvement; au contraire, elle détruit une partie du travail moteur, à cause des résistances passives. Elle permet seulement de faire varier, à volonté, les forces et les vitesses, en transformant le travail.

D'après leurs applications, toutes les machines peuvent être ramenées à quatre types fondamentaux.

1. Machines destinées à changer la direction d'une force ou d'un mouvement sans changer la vitesse.

2. Machines employées à diminuer la vitesse dans le travail utile.

3. Machines employées à augmenter la vitesse dans le travail utile.

4. Machines destinées à transformer complétement les forces et le travail.

1er Type. — *Les machines peuvent être employées à changer seulement la direction d'une force ou d'un mouvement.*

On peut remarquer que, quand un cercle tourne, les deux extrémités d'un même diamètre se meuvent en sens contraire.

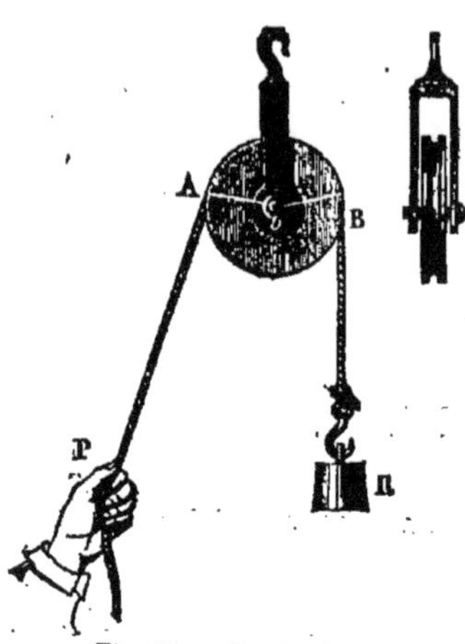

Fig. 89. — Poulie fixe.

On en a vu, en physique, une application à la manivelle de la machine pneumatique. Cette propriété peut être appliquée dans tous les cas où l'on veut changer la direction d'une force. Soit, par exemple, un seau d'eau que l'on veut tirer d'un puits. Il faut que la puissance agisse en sens inverse de la pesanteur, c'est-à-dire de bas en haut. Le travail qu'un homme est obligé de produire de cette façon est très-fatigant; mais si l'on fait passer la corde sur une poulie AB (*fig.* 89), la puissance pourra agir de haut en bas, et la fatigue de l'homme qui travaille sera considérablement diminuée.

2e Type. — *Les machines peuvent être employées à diminuer la vitesse dans le travail utile.*

On a vu (125) que le même travail peut être composé d'une infinité de manières différentes, en faisant varier inversement la force et la vitesse. Souvent un travail est impossible, à cause de sa *composition*, et non pas à cause de sa *quantité*. Les machines servent alors à changer la *composition* du travail sans modifier sa *quantité*. Soit, par exemple, un homme qui se proposerait de soulever verticalement 1000 kil. à 1 centimètre de hauteur. Ce travail est $1000 \times 0^m,01 = 10$ kilogrammètres. Cette quantité de travail est parfaitement possible pour un homme. Mais, dans le cas particulier qui nous occupe, le travail est devenu impossible à cause de sa composition. L'homme emploie alors une machine. La machine transforme le travail; elle augmente le chemin que la puissance doit parcourir, en diminuant cette puissance, et le travail, tout à l'heure impossible, s'accomplit en peu d'instants et presque sans fatigue.

3e Type. — *Les machines peuvent être employées à augmenter la vitesse dans le travail utile.*

Cette transformation est l'inverse de la précédente. Soit, par exemple, une fileuse qui doit tordre le fil à mesure qu'elle le prépare ; sa main ne peut atteindre une vitesse suffisante pour utiliser toute la quantité de travail dont elle peut disposer. En se servant du rouet, elle peut imprimer une vitesse très-considérable à la résistance très-faible que le fil lui oppose, et l'ouvrage se fait avec rapidité.

4e Type. — *Les machines peuvent servir à transformer complétement les forces.*

Ces transformations s'étudient plutôt dans le cours de physique que dans le cours de mécanique. Rappelons seulement la *machine* électrique qui transforme le mouvement en électricité.

La *machine* de Tyndall (1), qui transforme le mouvement en chaleur.

La *machine* magnéto-électrique, qui engendre la lumière au moyen du mouvement et du magnétisme.

177. **Utilité des machines.** — Le peuple leur attribue quelquefois sa misère. Dans les jours de sédition, on a vu, même au XIXe siècle, des ouvriers ruiner des usines, arracher les rails des chemins de fer, renverser les télégraphes, et faire brûler le métier Jacquart (2) par la main du bourreau.

Ces faits barbares ne se produiraient pas si l'on comprenait universellement que les machines nous permettent de faire varier d'une infinité de manières les efforts et les vitesses dont nous disposons, afin de les mettre constamment en harmonie avec le but que nous nous proposons d'atteindre. Elles ont toujours été de si précieux auxiliaires pour les hommes, qu'on ne peut pas assigner d'époque où les hommes s'en soient absolument passés. Elles ont été devinées instinctivement, bien avant que la science en eût déterminé les lois.

Les machines font plus, plus vite, meilleur, et à meilleur marché que les moteurs animés. Elles ont pour effet de dimi-

(1) Mécanicien contemporain, professeur à Londres.
(2) Jacquard (Joseph-Marie), célèbre mécanicien, né à Lyon, en 1752, mort en 1834, a inventé le métier qui porte son nom.

nuer la valeur de la force brutale, et d'augmenter la valeur de la force intellectuelle; elles conduisent ainsi les hommes à la civilisation. Aristote (1) disait, 350 ans avant J.-C. : « Si la navette et le ciseau pouvaient marcher seuls, l'esclavage ne serait plus nécessaire. »

CHAPITRE II.

Poulies et Courroies.

178. **Corde passant sur un point fixe.** — La plus simple de toutes les machines est la corde passant sur un point fixe.

Cette machine sert seulement à *changer la direction* de la force.

En effet, le travail moteur doit égaler le travail résistant (179). Si la puissance avance de 1 mètre, la résistance doit avancer aussi de 1 mètre dans le même temps, puisque la corde est supposée inextensible. Les chemins parcourus par la puissance et la résistance sont égaux, donc la puissance est égale à la résistance.

Les frottements considérables que la corde éprouve, en glissant sur le point fixe, leur font préférer la poulie fixe.

179. **Poulie fixe.** — La poulie fixe se compose d'un disque circulaire en bois ou en métal AB traversé en son centre O par un axe (*fig.* 90). Les deux extrémités de l'axe sont portées par les deux branches d'un support qu'on appelle *chape*. Ce support est attaché à un point fixe. Une corde ou une courroie embrasse une partie de la circonférence de la poulie. La résistance R agit à une extrémité de cette corde, la puissance P agit à l'autre extrémité. Les chemins parcourus par la puissance et la résistance sont égaux, donc *la puissance est égale à la résistance* pour que l'égalité du travail moteur et du travail résistant soit satisfaite.

(1) Aristote, philosophe grec, né à Stagire (Macédoine), l'an 384 av. J.-C.

La poulie fixe reçoit de nombreuses applications. On l'emploie surtout pour élever l'eau des puits et pour transmettre le mouvement dans les usines.

La poulie fixe, qui sert à élever l'eau des puits, reçoit une corde qui passe dans une cavité, ménagée à sa circonférence. La présence de cette cavité qu'on appelle *gorge*, est indispensable pour empêcher la corde de tomber de dessus la poulie.

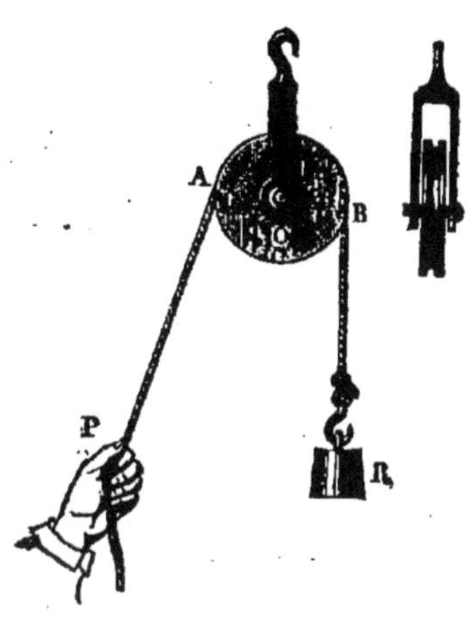

Fig. 90. — Poulie fixe.

Quand on a remplacé les cordes par des courroies plates en cuir ou en gutta-percha, l'expérience a montré qu'il fallait supprimer la gorge. Si l'on munit la poulie de rebords, la courroie remonte sur ces rebords et s'échappe de la poulie. Une courroie ne peut tenir sur une poulie qu'autant que celle-ci présente une surface légèrement convexe (*fig.* 91). Ce résultat, qui semble paradoxal, peut

Fig. 91. — Poulie des usines.

s'expliquer si l'on se reporte à la théorie de la force centrifuge.

En effet, la force centrifuge est directement proportionnelle aux masses; donc la courroie, chargée de toute la résistance qu'elle entraîne, doit décrire la plus grande circonférence possible. Elle montera donc toujours sur le plus grand diamètre de la poulie. Si ce plus grand diamètre est un collet ménagé sur le bord de la poulie, la courroie tombera. Si, au contraire, ce plus grand diamètre est à égale distance des deux bords de la poulie, la courroie se portera vers le milieu de l'épaisseur de la poulie et se maintiendra sans aucun guide.

Pour transmettre le travail d'un cheval-vapeur, une courroie doit développer, dans une seconde, une surface de 1500 centimètres carrés. La surface est le produit de la largeur l de la courroie mesurée en centimètres, par la vitesse V mesurée aussi en centimètres. Soit F la force en chevaux-vapeur, on a

$$lV = 1500\ F.$$

Le rapport des diamètres des deux poulies enveloppées par une même courroie ne doit pas dépasser le rapport de 1 à 3.

Quand ces conditions sont remplies, le frottement de glissement de la courroie sur la poulie, plus considérable que le frottement de roulement, entraîne la poulie et la fait tourner.

Ces faits étaient inconnus au commencement de ce siècle. Aussi Vaucanson (1), Galle et plusieurs autres célèbres mécani-

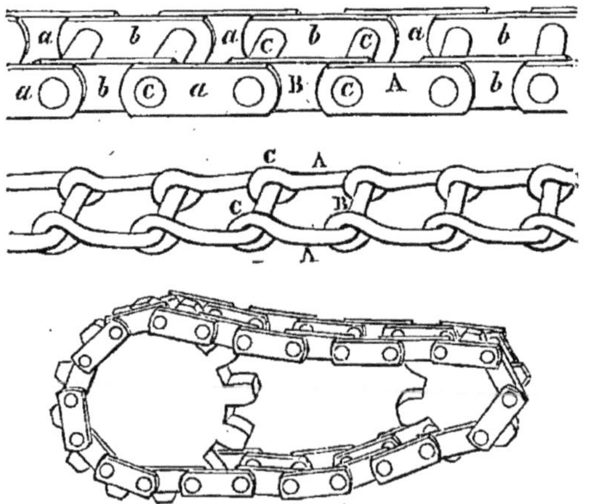

Fig. 92. — Chaînes de Vaucanson.

ciens inventèrent des chaînes métalliques dont les maillons venaient saisir de petites aspérités ménagées à la circonférence

(1) Vaucanson (Jacques de), célèbre mécanicien, né à Grenoble, en 1709, mort en 1782, a imaginé la *chaîne* qui porte son nom, et inventa une machine pour la fabriquer.

des poulies. La présence de ces aspérités rendait impossible le glissement de la chaîne (*fig.* 92).

Ce mode de transmission est à peu près abandonné aujourd'hui. On n'en retrouve quelques exemples que pour les poulies destinées à transmettre des forces très-considérables et auxquelles on ne peut adapter des courroies suffisamment larges. On peut citer, comme exemple, les chaînes à la Vaucanson des grandes machines à raboter les métaux, et des machines à vapeur destinées à écraser le macadam sur les grandes voies publiques. Les chaînes à la Vaucanson ne peuvent convenir que pour transmettre des forces très-considérables; douées d'un mouvement peu rapide, elles manquent souvent de solidité et ont toujours le défaut de présenter des frottements considérables qui diminuent notablement le rendement.

180. **Poulie mobile.** — Dans le cas de la poulie mobile, le cordon qui embrasse la poulie est attaché par une de ses extrémités à un point fixe D (*fig.* 93). La puissance agit sur l'autre extrémité P, la résistance R est fixée à la *chape* O.

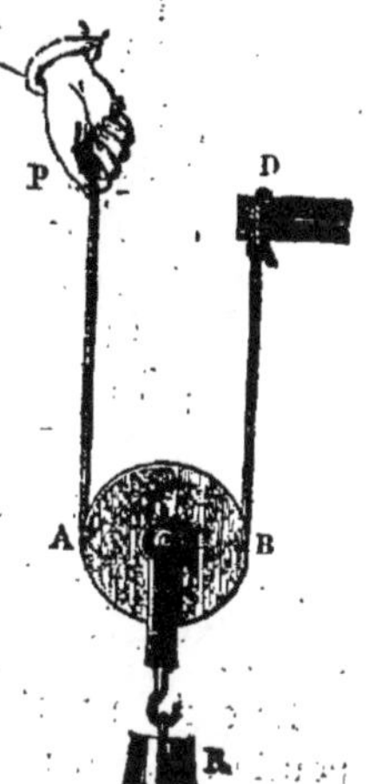

Fig. 93. — Poulie mobile.

Quand le cordon est raccourci de 1 mètre, c'est-à-dire quand le centre s'élève de O en O', la poulie, et, par suite, la résistance ne s'élèvent que de 50 centimètres. Le chemin parcouru par la résistance est la moitié du chemin parcouru par la puissance, donc *la résistance est le double de la puissance* pour que l'égalité du travail moteur et du travail résistant soit satisfaite.

L'égalité des travaux nous fournit ici un premier exemple de la multiplication des forces. Cette multiplication de la force est très-fréquemment employée. Comme la poulie mobile ne peut généralement agir que de bas en haut, à cause de l'action de la pesanteur, on est souvent obligé d'associer la poulie mobile avec la poulie fixe qui permet d'agir de haut en bas sans changer l'intensité de la force. Cet assemblage d'une poulie mobile et d'une poulie fixe est l'origine des *moufles*.

181. **Poulies mouflées ou moufles.** — Dans une chape portée par un point fixe (*fig.* 94 et 95), se trouvent deux ou trois

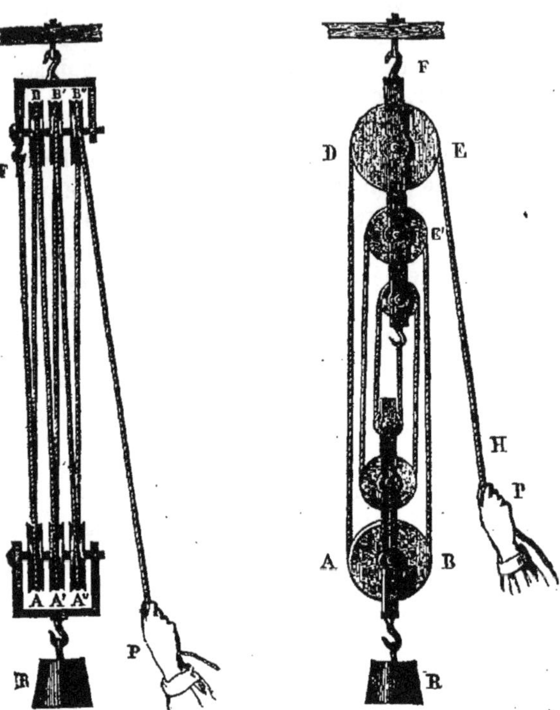

Fig. 94. — Moufle. Fig. 95. — Poulie mouflée.

poulies fixes. Une seconde chape, à laquelle on a fixé la résistance R à vaincre, porte le même nombre de poulies mobiles.

Le cordon part de la chape fixe, s'enroule sur la première poulie mobile, remonte sur la première poulie fixe, redescend sur la deuxième poulie mobile, remonte sur la deuxième poulie fixe et ainsi de suite. La puissance P agit sur le cordon à la suite de la dernière poulie fixe.

Si la moufle se compose en tout de quatre poulies, il faut faire parcourir 4 mètres à la puissance pour élever la résistance de 1 mètre. Le chemin parcouru par la puissance est quatre fois plus considérable que celui qui est parcouru par la résistance : *la puissance est le quart de la résistance.*

Si l'on emploie en tout six poulies, la puissance est de $\frac{1}{6}$ de la résistance.

Avec huit poulies, la puissance est $\frac{1}{8}$ de la résistance et ainsi de suite.

On obtient ainsi une multiplication de forces considérable.

Cette multiplication de forces atteint rapidement sa limite, à cause du travail perdu pour plier et enrouler le cordon sur un grand nombre de poulies.

Les moufles les plus employées ne portent que deux poulies à chaque chape; telles sont les moufles employées dans la marine pour la manœuvre de la voilure.

Les moufles portant trois poulies à chaque chape se trouvent dans les fonderies et dans les ateliers de construction.

Les moufles portant quatre poulies à chaque chape sont très-rares. On ne dépasse pas cette limite.

182. **Palan différentiel.** — Depuis quelques années le palan différentiel s'est répandu dans l'industrie et y remplace très-avantageusement les poulies mouflées. Il fait parcourir à la puissance un chemin beaucoup plus considérable que le chemin parcouru par la résistance, et produit par conséquent une grande multiplication de force. Il l'emporte sur les moufles par la simplicité de sa construction et par une grande diminution dans la perte de travail absorbé par la raideur des cordes.

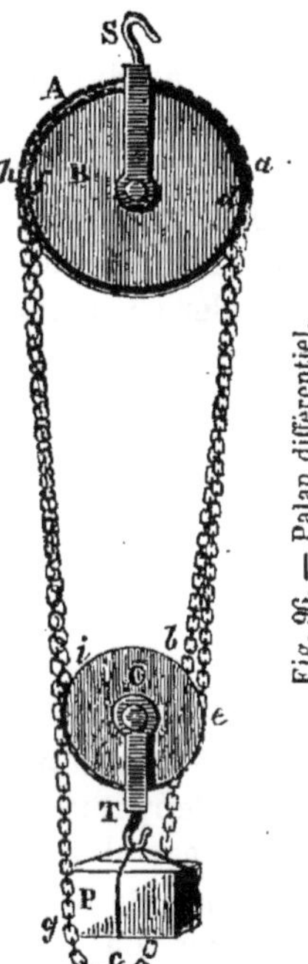

Fig. 96. — Palan différentiel.

La chape supérieure S (*fig.* 96) porte deux poulies solidaires l'une de l'autre A, B, concentriques et de diamètre un peu différent; la chape inférieure C ne porte qu'une seule poulie.

Une chaîne embrasse la plus petite poulie supérieure B, descend à la poulie inférieure C et remonte sur la plus grande poulie supérieure A. On fait agir la puissance sur la partie de la chaîne qui s'échappe de cette dernière poulie. La puissance fait tourner en même temps les deux poulies supérieures. La grande poulie fait monter la résistance, la petite poulie la fait descendre. La résistance ne s'élève qu'en vertu de la différence de diamètre des deux poulies supérieures. Cette différence pouvant être très-petite, la résistance P, fixée à la chape T, parcourt beaucoup moins de chemin que la puissance. Comme on gagne en force ce que l'on perd en vitesse, la puissance ne doit être qu'une très-petite fraction de la résistance.

Pour éviter les glissements, on a ménagé de petites saillies sur la gorge des poulies. Ces saillies suffisent pour retenir la chaîne.

On réunit les deux extrémités libres *gc* de la chaîne pour éviter de lui donner une trop grande longueur. La partie de la chaîne sur laquelle la puissance a agi peut remonter et venir s'enrouler sur la plus petite des deux poulies supérieures.

CHAPITRE III.

Roues dentées.

183. **Vitesse angulaire de deux roues au contact.**— On met deux roues en contact l'une avec l'autre, le mouvement de l'une entraîne le mouvement de l'autre. Les vitesses à la circonférence étant les mêmes pour les deux roues, leurs vitesses angulaires sont en raison inverse des rayons.

Ce fait se démontre au moyen de l'appareil (*fig.* 97). Au-dessus d'un plateau horizontal B mobile autour d'un axe, se trouve une roue verticale A que l'on peut approcher ou éloigner à volonté du centre de la roue horizontale. On fait tourner la roue verticale au moyen d'une manivelle F. Elle communi-

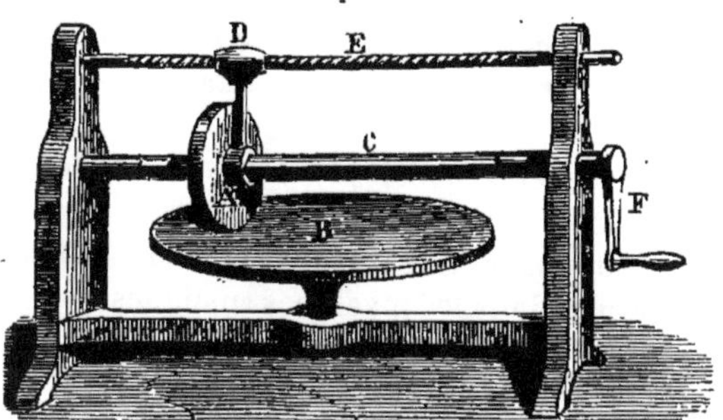

Fig. 97.— Vitesse angulaire de deux roues au contact.

que à la roue horizontale une vitesse d'autant plus grande qu'elle est plus rapprochée du centre.

184. **Roues dentées.** — Des expériences récentes ont montré que le contact de deux roues est généralement suffisant pour que le mouvement de l'une entraîne le mouvement de l'autre, parce que le frottement de roulement est plus petit que le frottement de glissement.

Quand la résistance est un peu considérable, on suppose que le frottement ne suffit plus pour déterminer la rotation. On arme alors les deux roues de parties saillantes que l'on appelle *dents*.

La roue *menante* est celle qui reçoit l'action de la puissance, la roue *menée* est celle qui est conduite par la roue menante.

On démontre, par les mathématiques, que quand on donne le profil des dents de la roue menée, le profil des dents de la roue menante est déterminé.

Dans la pratique on n'emploie pour le profil des dents de la roue menée qu'un petit nombre de courbes.

Les règles à suivre sont les suivantes.

I. *Si le profil des dents de la roue menée est une droite perpendiculaire à la circonférence, le profil des dents de la roue menante est une épicycloïde.*

Cet engrenage s'appelle *engrenage à flancs,* c'est celui que l'on emploie ordinairement.

II. *Si le profil des dents de la roue menée est une petite circonférence, le profil des dents de la roue menante est une courbe dérivée de l'épicycloïde.*

Cet engrenage s'appelle *engrenage à lanterne.* On le construit généralement en bois. On le trouve employé dans les anciennes grues, dans les moulins à vent, les horloges de campagne; il rend de bons services dans les machines rustiques.

III. *Si le profil des dents de la roue menée est une développante de cercle, le profil des dents de la roue menante est aussi une développante de cercle.*

185. **Tracé de l'engrenage à flancs.** — On doit se donner la distance CC′ (*fig.* 98) des deux axes qu'on se propose de

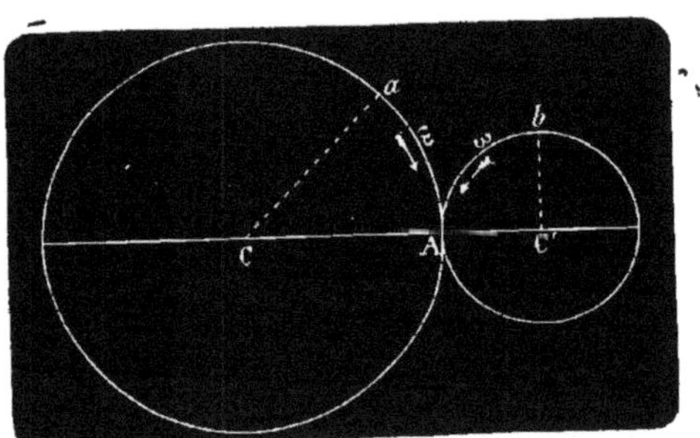

Fig. 98. — Circonférences primitives.

mettre en mouvement et les vitesses angulaires ω et ω' de ces axes.

On partage la distance CC′ des deux axes en parties inversement proportionnelles à leurs vitesses angulaires ω et ω'. Soient CA, C′A ces deux parties données par la proportion :

$$\frac{CA}{CC' - CA} = \frac{\omega'}{\omega}.$$

On trace, avec ces deux longueurs prises comme rayons, deux circonférences tangentes en A. Ces deux circonférences, appelées *circonférences primitives*, représentent les bases des deux disques dont les vitesses angulaires sont ω et ω'.

On se propose d'armer de dents les tranches de ces disques. Soit C' la roue menée. Suivant des rayons équidistants, on pratiquera des entailles égales sur cette roue. Ces entailles portent le nom de *flancs*.

186. **Nombre des dents de la roue menée.** — Le nombre des flancs n'est pas arbitraire. Il en est de même du nombre des dents de la roue menante. Car il faut qu'une dent de la roue menante puisse se mettre en contact avec un flanc de la roue menée, sans secousse ni perte de temps. Il faut, de plus, qu'il n'y ait à la fois qu'une seule dent de la roue menante qui presse sur un flanc de la roue menée.

Ces deux conditions sont remplies, quand on prend pour nombre des dents de la roue menée une quantité égale ou supérieure à

$$n' = 10\left(1 + \frac{R'}{R}\right);$$

R et R' étant les rayons des circonférences primitives, dont les vitesses angulaires sont respectivement ω et ω'.

Comme on a

$$\frac{R'}{R} = \frac{\omega}{\omega'},$$

la formule peut s'écrire:

$$n' = 10\left(1 + \frac{\omega}{\omega'}\right).$$

187. **Nombre des dents de la roue menante.** — Le nombre des dents de la roue menante est donné par la proportion

$$\frac{n}{n'} = \frac{R}{R'} = \frac{\omega'}{\omega}$$

dans laquelle n', R', R' ont été déterminés comme on l'a vu précédemment, et ω, ω' sont donnés.

188. **Les divisions sont égales sur les deux roues.** — On a divisé la circonférence C′ en n' parties égales entre elles; soit l une de ces parties. On a divisé, de même, la circonférence C en n parties égales, soit L une de ces parties. On a, par construction

$$n'l = 2\pi R'$$
$$nL = 2\pi R.$$

Divisant ces égalités membre à membre :

$$\frac{n'l}{nL} = \frac{R'}{R},$$

et comme $\frac{n'}{n} = \frac{R'}{R}$ ce rapport se réduit à $l = L$.

C'est-à-dire que les divisions ainsi tracées sont égales sur les deux roues.

Exemple. — Supposons que la roue menée doive faire quatre tours pendant que la roue menante en fait trois. Le nombre des dents de la roue menée doit être égal ou supérieur à

$$n' = 10\left(1 + \frac{3}{4}\right)$$

$$n' = 10 + \frac{30}{4} = 18.$$

La roue menée doit avoir au moins 18 dents. Supposons qu'elle en ait 20.

Le nombre des dents de la roue menante sera

$$\frac{n}{n'} = \frac{R}{R'};$$

substituant les nombres

$$\frac{x}{20} = \frac{4}{3}$$

d'où

$$x = \frac{80}{3}.$$

Ce nombre de dents n'étant pas entier, on mettra 21 dents à la roue menée et on aura pour le nombre des dents de la roue menante :

$$x = \frac{21 \times 4}{3} = 28.$$

Les deux roues auront donc 21 et 28 dents.

189. Tracé des flancs de la roue menée. — L'espace AB = l (*fig.* 99) que nous avons appelé l'espace d'une dent, contient un plein et un vide. Le vide doit être un peu plus grand que le plein. Dans la pratique, le jeu doit être $\frac{1}{10}$ de l. Les arcs sont évidés, de deux en deux, jusqu'à une profondeur ad que l'on prend ordinairement égale aux $\frac{4}{7}$ de la largeur aB du flanc mesurée sur la circonférence primitive. La roue menée a le profil indiqué par la figure 99.

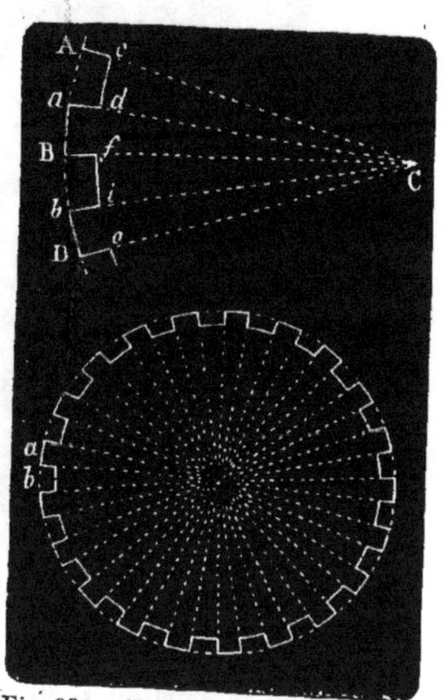

Fig. 99. — Tracé des flancs de la roue menée.

190. Tracé des dents de la roue menante. — Les dents de la roue menante doivent avoir pour profil une épicycloïde. C'est le commencement de l'épicycloïde *tvruhl* (*fig.* 100) décrite par une circonférence n de rayon moitié moindre que le rayon de la circonférence de la roue menée, roulant sur la circonférence primitive de la roue menante.

On partage la circonférence de la roue menante en n parties égales à l, et on divise chaque arc en deux parties différant l'une de l'autre de $\frac{1}{20}$ de l, comme on l'a fait pour la roue menée.

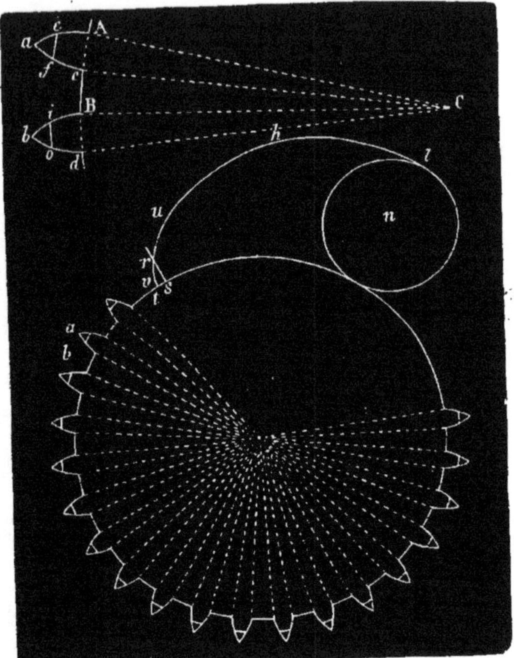

Fig. 100. — Tracé des dents de la roue menante.

On trace la portion d'épicycloïde jusqu'à la moitié *sr* des pleins. On répète la même construction symétriquement sur chaque face, et on a le profil de la roue menante.

Si l'on veut que les roues soient indistinctement menées ou menantes, on établit des dents sur les flancs de la roue menée et on découpe des flancs sous les dents de la roue menante. Dans la pratique, on abat ordinairement la pointe *aef* formée à la rencontre des deux portions de l'épicycloïde sur le milieu de chaque dent, et la profondeur du vide est donnée par la profondeur à laquelle l'épicycloïde pénètre.

191. **Engrenage à lanterne. Roue menée ou lanterne.**— La roue menée est remplacée par une lanterne (*fig.* 101) formée de deux plateaux circulaires, A, B, appelés *tourteaux*, réunis par des tiges cylindriques *a b c d* appeleés *fuseaux*. Ces fuseaux remplacent les dents de la roue menée.

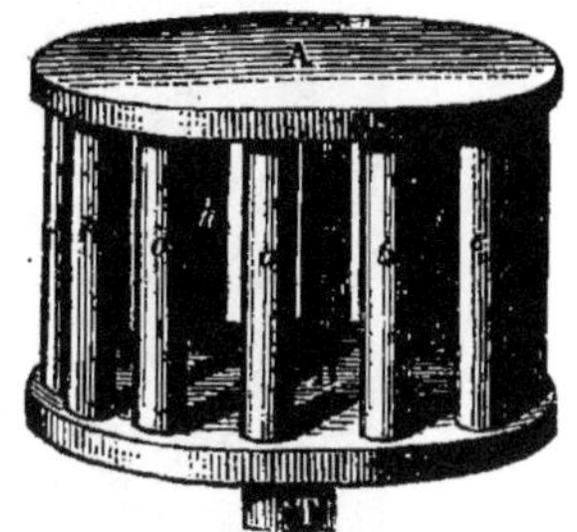

Fig. 101. — Roue à lanterne.

La circonférence primitive de la lanterne est la circonférence qui passe par le centre des fuseaux cylindriques.

La distance des deux axes est partagée, comme dans le cas précédent, en parties inversement proportionnelles à leur vitesse angulaire. On a ainsi le rayon de la circonférence primitive de la lanterne.

Le nombre de fuseaux de la lanterne doit être égal ou supérieur à

$$n' = 7 + 4\frac{\omega}{\omega'};$$

le jeu est de $\frac{1}{12}$ de la largeur l de chacune de ces divisions.

192. **Roue menante de l'engrenage à lanterne.** — Le rayon de la roue menante est inversement proportionnel à sa vitesse angulaire

Le nombre n de ses dents est donné par la formule

$$\frac{n}{n'} = \frac{R}{R'}.$$

Pour avoir le profil des dents de la roue menante (*fig.* 102), on commence par tracer sur chacune de ses divisions l'épicycloïde ABD engendrée par la circonférence primitive AC de la lanterne roulant sur la circonférence CE de la roue menante. On mène des normales *ab*, *cd*, *ef*, à cette courbe, et on porte sur ces normales, à partir de l'épicycloïde, des longueurs *il* égales au rayon du fuseau. La courbe *io* obtenue en retranchant de l'épicycloïde le rayon du fuseau donne le profil des dents de la roue menante.

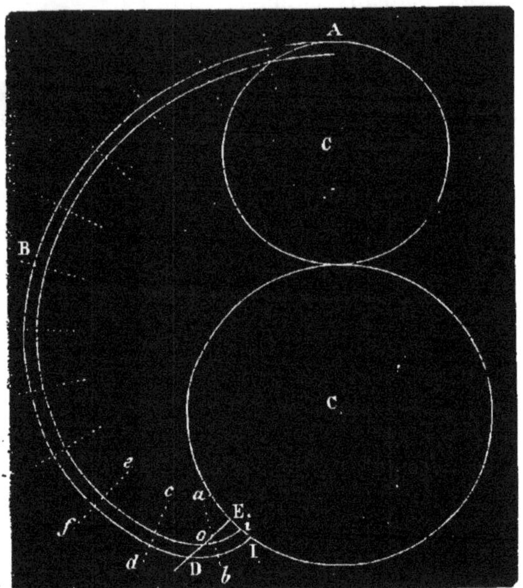

Fig. 102. — Tracé d'une dent de la roue menante de l'engrenage à lanterne.

La profondeur des entailles dépend du diamètre des fuseaux (*fig.* 103).

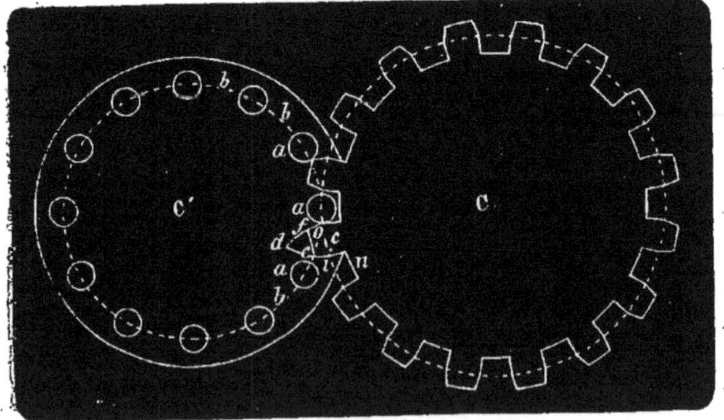

Fig. 103. — Tracé de l'engrenage à lanterne.

193. **Engrenage à développante de cercle.** — Le nombre des dents de la roue menée doit être égal ou supérieur à

$$n' = 16 + 2\frac{\omega}{\omega'};$$

le nombre des dents de la roue menante est donné par la proportion :

$$\frac{n}{n'} = \frac{R}{R'}.$$

Le jeu est de $\frac{1}{15}$ de l.

Les circonférences qu'on développe, pour avoir le profil des dents, ont un rayon un peu plus petit que les circonférences primitives. On obtient ces circonférences en traçant par les centres C, C' des deux circonférences primitives AC, BC' (*fig.* 104), deux

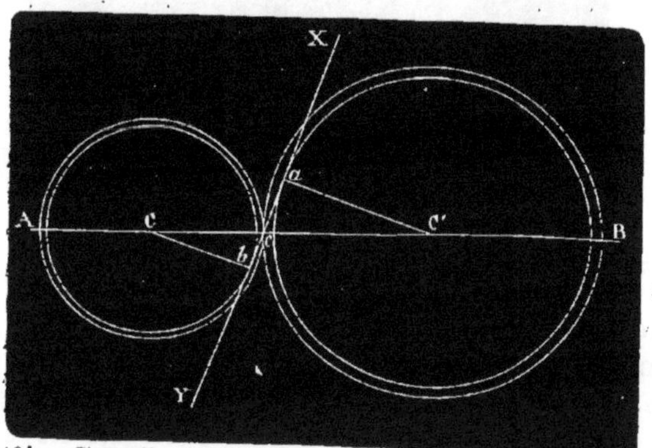

Fig. 104. — Circonférences primitives de l'engrenage à développante de cercle.

autres circonférences C*b*, C'*a* dont la tangente commune intérieure XY fait un angle de 70 degrés avec la ligne des centres. Pour développer la circonférence ABC (*fig.* 105), on mène les tangentes *ib*, *jc*, *ld*, *ne*, *sg*, et l'on porte sur ces tangentes des longueurs respectivement égales aux arcs iA, jA, lA, nA, sA. La

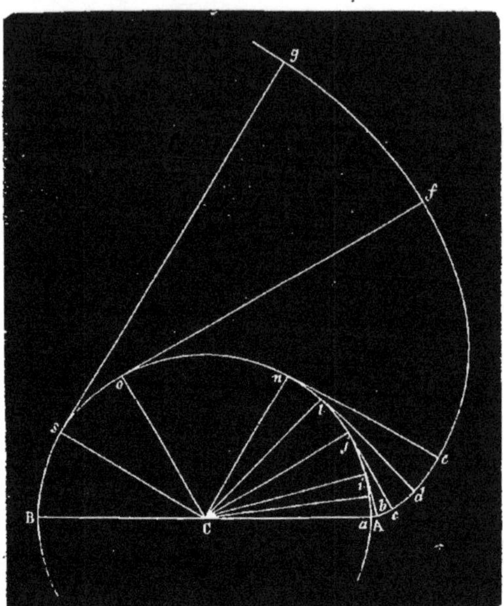

Fig. 105. — Développante de cercle.

courbe obtenue, en joignant les points A *c d e f g*, est la développante de la circonférence AC.

L'engrenage à développante de cercle présente deux avantages : 1° l'épaisseur des dents va en augmentant de leur sommet à leur base ; ce qui leur donne une très-grande solidité ; 2° quand un engrenage est fait pour une distance donnée, on peut augmenter ou diminuer un peu cette distance, sans que l'engrenage cesse de fonctionner. Cet avantage ne se trouve pas dans les autres systèmes de roues dentées.

CHAPITRE IV.

ENGRENAGES.

194. **Engrenages.** — Les engrenages sont des assemblages de roues dentées.

Ils servent à transmettre le mouvement circulaire d'un axe à un autre axe.

Si les deux axes sont parallèles, on se sert des engrenages droits (*fig.* 106). S'ils font entre eux un certain angle, on se sert des engrenages coniques (*fig.* 107). C'est-à-dire que, dans le premier cas, les dents sont établies sur des tranches cylindriques, dans le second cas elles sont établies sur des troncs de cône.

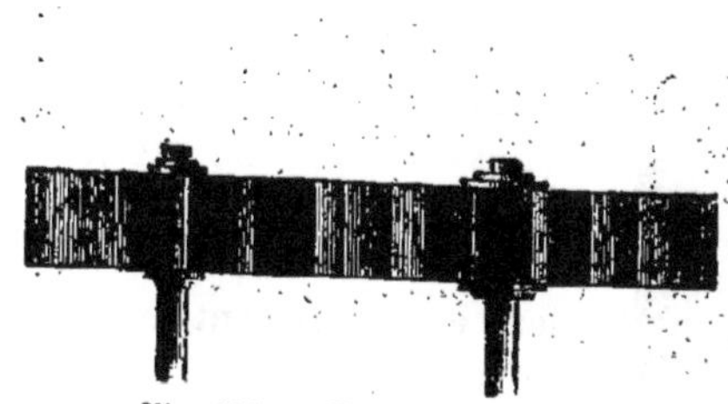

Fig. 106. — Engrenages droits.

Fig. 107. — Engrenages coniques.

195. **Engrenage de deux roues dentées.** — Deux roues dentées qui engrènent l'une avec l'autre ont la même vitesse à la circonférence; leur vitesse angulaire est inversement proportionnelle à leurs rayons, c'est-à-dire que si la première roue a 20 dents et la seconde 40 dents, la première roue doit faire 2 tours pour que la seconde en fasse 1.

On doit remarquer aussi que deux roues C'C (*fig.* 108), qui engrènent sur leur partie extérieure, ont des mouvements de sens contraire. Si le premier axe tourne de droite à gauche *ef*

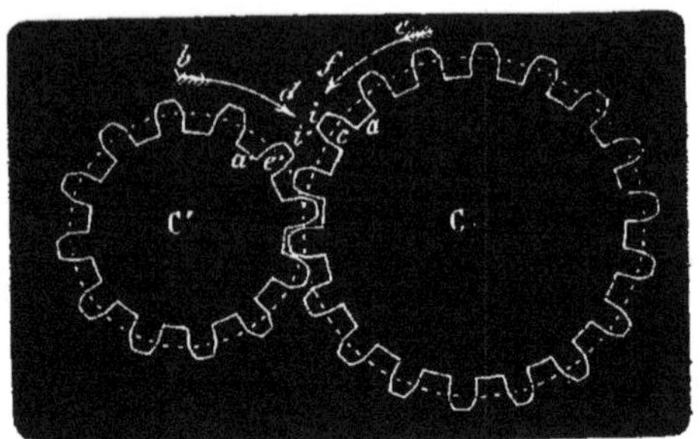

Fig. 108. — Engrenage de deux roues extérieures.

dans sa partie supérieure, le second tourne de gauche à droite dans sa partie supérieure *b d*.

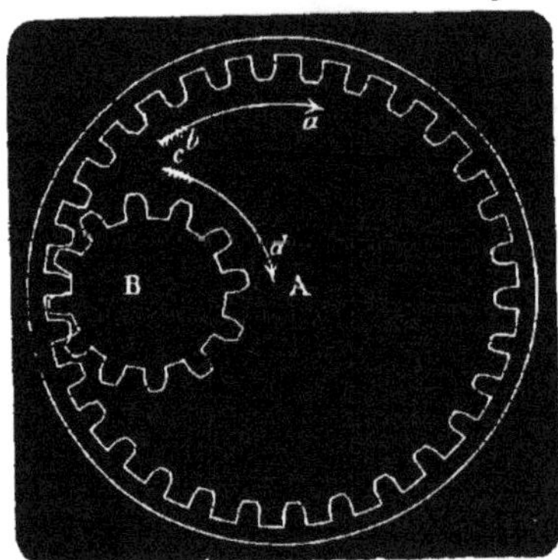

Fig. 109. — Engrenage de deux roues intérieures.

En faisant engrener la circonférence d'une des deux roues avec la partie intérieure de l'autre roue (*fig.* 109), les mouvements *cd*, *ba* des deux axes A, B, sont de même sens.

196. **Roues intermédiaires.** — Quand les deux axes sont trop éloignés pour que l'on puisse faire engrener directement les roues qui les terminent, on peut placer, dans l'intervalle qui les sépare, une ou plusieurs roues dentées. Ces roues, appelées *roues intermédiaires*, servent seulement à transmettre le mouvement sans changer la vitesse angulaire, puisque la dernière roue avance d'une dent quand la première avance d'une dent. On doit donc considérer la dernière roue menée comme engrenant directement avec la roue menante.

Puisque deux roues engrenant extérieurement tournent en sens inverse l'une de l'autre, on doit observer que les roues de rang impair tournent toutes dans le même sens qui est contraire au sens des roues de rang impair.

Les cardes de filature de lin et de chanvre présentent un bel exemple de l'emploi des roues intermédiaires.

197. **Roues et pignons.** — Un *pignon* est une roue dentée solidaire d'une autre roue dentée d'un diamètre plus considérable. Le pignon porte moins de dents que la grande roue à laquelle il est associé. Soit a (*fig.* 105) la roue *menante* portant 19

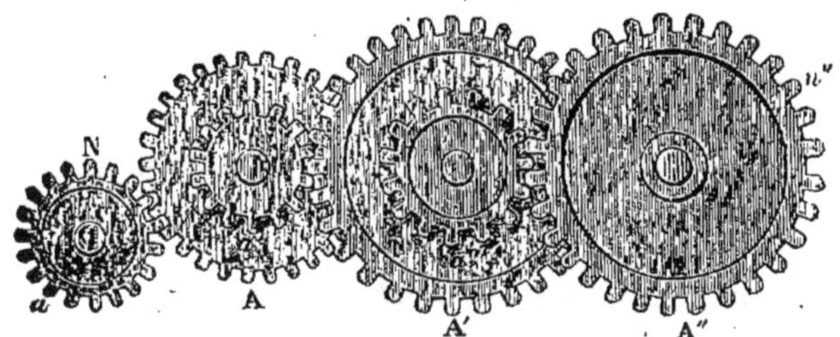

Fig. 110. — Roues et pignons.

dents. On la fait engrener avec la roue intermédiaire A portant 30 dents. Quand la roue a fait 1 tour, la roue A fait $\frac{19}{30}$ de tour.

Sur l'axe de la roue A, on a claveté un pignon a' portant 14 dents ; ce pignon fait aussi $\frac{19}{30}$ de tour quand a fait 1 tour.

Ce pignon *mène* la roue A' portée par un second axe intermédiaire et munie de 30 dents. Quand le pignon a' fait 1 tour, A' fait $\frac{14}{30}$ de tour.

Par conséquent, quand a fait 1 tour, A' fait

$$\frac{19}{30} \times \frac{14}{30}$$

de tour.

L'arbre de la roue A' porte un second pignon a'' muni de

15 dents. Ce pignon étant solidaire de la roue A′ fait le même nombre de tours dans le même temps.

Le pignon a'' *mène* la roue A″ portant 29 dents; quand a'' fait un tour, A″ fait $\frac{15}{29}$ de tour.

Donc quand a fait un tour, A″ fait un nombre de tours exprimé par la fraction

$$n = \frac{19 \times 14 \times 15}{30 \times 30 \times 29}.$$

De là, cette règle pratique :

198. **Règle.** — *Le nombre de tours que fait une roue menée s'obtient, en multipliant le nombre de tours que fait la première roue menante par le produit du nombre des dents des roues menantes, et en divisant ce produit par le produit du nombre des dents des roues menées.*

Le nombre des dents étant proportionnel au rayon des roues, on peut dire aussi :

Le nombre de tours que fait une roue menée s'obtient, en multipliant le nombre de tours que fait la première roue menante par le produit des rayons des roues menantes, et en divisant par le produit des rayons des roues menées.

199. **Transmission du travail par les engrenages.** — Les engrenages ont pour effet de multiplier ou de diviser la force motrice, puisque l'on gagne en force ce que l'on perd en vitesse, et on gagne en vitesse ce que l'on perd en force.

Cette propriété des engrenages est fréquemment utilisée.

On peut citer comme exemple les tours à engrenage (*fig.* 111).

La poupée de tour A, c'est-à-dire l'arbre auquel on adapte les objets à tourner ne doit pas avoir la même vitesse, suivant que l'on se propose de tourner du cuivre ou du fer. Pour tourner du cuivre, il faut peu de force et beaucoup de vitesse; pour tourner du fer, il faut beaucoup de force et peu de vitesse. Dans le premier cas, on commande la poupée directement par la poulie motrice *ij*. Dans le second cas, au moyen d'un embrayage, on

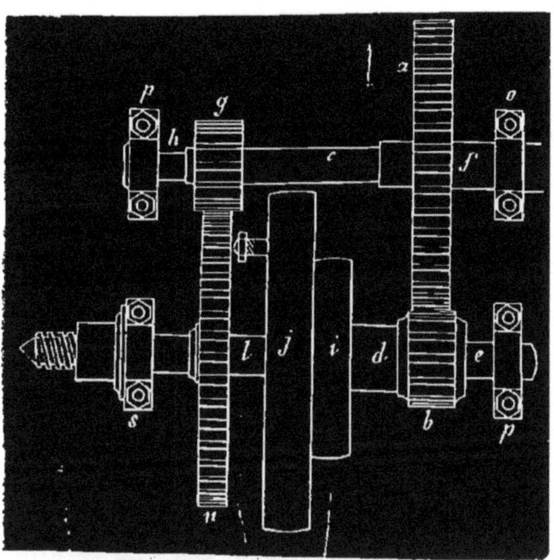

Fig. 111. — Tours à engrenages.

commande la poupée A par l'intermédiaire de 4 roues dentées, *b*, *a*, *g*, *n*, qui divisent la vitesse et multiplient la force.

200. **Engrenage à roues excentriques.** — Dans quelques machines à raboter les métaux, on emploie avantageusement les engrenages excentriques pour obtenir le *retour rapide* de l'outil.

Ces engrenages se composent de deux roues égales, chacune tournant autour d'un point qui n'est pas son centre.

Quand le plus petit segment du diamètre de la roue menante engrène avec le plus grand segment du diamètre de la roue menée, celle-ci tourne lentement ; on a la plus grande force et la plus petite vitesse. C'est le moment favorable pour faire travailler l'outil. Après une demi-révolution, c'est le plus grand segment du diamètre de la roue menante qui engrène avec le plus petit segment du diamètre de la roue menée. Celle-ci tourne rapidement. On profite de ce moment de la moindre force et de la plus grande vitesse pour ramener l'outil à son point de départ.

Les engrenages elliptiques (*fig.* 112) possèdent les mêmes propriétés que les engrenages excentriques.

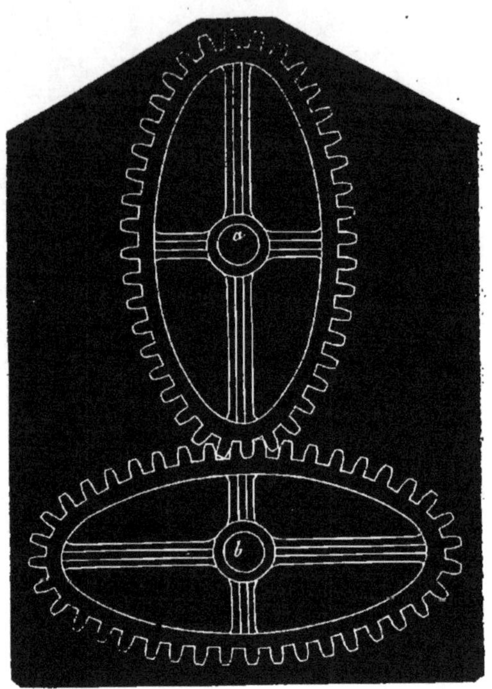

Fig. 112. — Engrenage à roues elliptiques.

201. **Mouche de La Hire**[1]. — On démontre, par la géométrie élémentaire, que quand un cercle I (*fig.* 112) roule dans l'intérieur d'un second cercle E ayant un rayon double, un point quelconque N de la circonférence mobile décrit un diamètre de la circonférence fixe.

Cette propriété d'un point d'une circonférence roulant dans une circonférence d'un rayon double, a été utilisée par La Hire pour transformer un mouvement de rotation continu en un mouvement rectiligne alternatif.

(1) La Hire (Philippe de), mathématicien et astronome, né à Paris en 1640, mort en 1718.

Cette disposition, appelée *mouche de La Hire,* vient d'être employée avec succès pour donner un mouvement rectiligne alter-

Fig. 113. — Mouche de La Hire.

natif aux tables des presses mécaniques employées dans l'imprimerie.

202. **Mouvement différentiel.** — Le problème que le docteur Hure (1) a si admirablement résolu, est celui-ci :

Étant donnés deux axes animés de vitesses différentes, on se propose de transmettre à un troisième axe une vitesse qui soit égale à la somme ou à la différence des deux vitesses données.

Six roues suffisent pour produire cet effet (*fig.* 114 et 115). Le premier et le troisième axe sont sur le prolongement l'un de l'autre. Ils se terminent chacun par une roue d'angle de même diamètre et de même denture. Le troisième axe N est parallèle à ceux-ci. Il porte une roue droite B, munie d'autant de dents que les deux roues d'angle précédentes.

Cette roue droite B est dans un plan parallèle au plan des

(1) Savant anglais contemporain.

deux roues C et C′ et à égale distance des plans de ces deux roues. On la fait engrener avec la roue droite A d'un diamètre double du sien. La roue A est folle, et elle est portée par le prolongement des deux axes I.

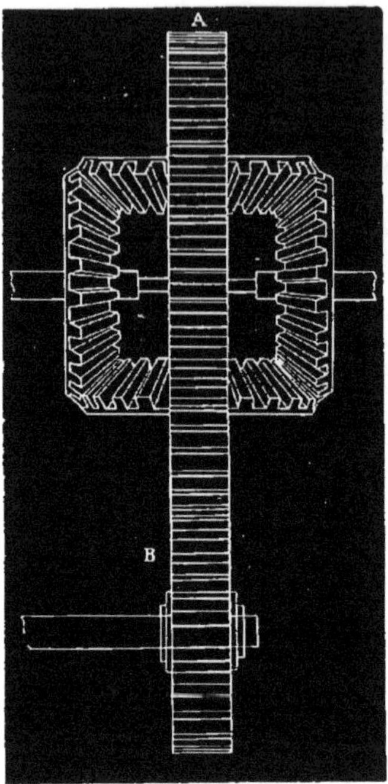

Fig. 114. — Mouvement différentiel.

En deux points diamétralement opposés, cette grande roue A porte deux prisonniers U, V, munis chacun d'une roue d'angle non clavetée E, D, et d'un diamètre égal à celui des deux roues d'angle qui terminent le premier et le troisième axe. Les diamètres des quatre roues C, C′, E, D, forment ainsi un carré parfait.

L'appareil étant ainsi disposé, supposons que le premier axe tourne seul, le second axe étant fixe. La grande roue droite A reste fixe. Les roues d'angle folles E et D transmettent, comme roues intermédiaires, à la roue d'angle C, un mouvement égal et contraire à celui de la roue C′. Le troisième axe possède ainsi la vitesse du premier axe.

Supposons ensuite que le premier axe reste fixe et que B tourne. L'axe B, en tournant, transmet à la grande roue droite A une vitesse qui est la moitié de la sienne. Cette grande roue entraîne les deux roues d'angle E et D qu'elle porte. Ces roues d'angle tournent autour de la roue d'angle du premier axe qui est fixe. Elles s'appuient en quelque sorte sur elle, et font tourner la roue d'angle du troisième axe avec une vitesse égale à la leur, puisque leurs diamètres sont égaux.

Le mouvement qu'elles impriment au troisième axe est ainsi égal et de même sens que celui du second axe.

Ceci posé, supposons que l'on fasse tourner le premier et le second axe dans le même sens, le troisième axe totalisera les deux mouvements et aura une vitesse égale à la somme des vitesses des deux premiers axes.

Fig. 115. — Mouvement différentiel.

Cette disposition peut s'employer quand on veut atteler à un même arbre de couche deux moteurs différents, comme une machine à vapeur et une roue hydraulique.

Si, au contraire, on fait tourner le premier et le second axe en sens contraires, le troisième axe aura une vitesse égale à la différence des vitesses des deux premiers. Cette dernière disposition est employée dans les bancs à broche des filatures de lin et de coton pour diminuer la vitesse de rotation des bobines, à mesure que leur diamètre augmente par l'enroulement du fil.

203. **Roues incomplétement dentées.** — Ces roues ser-

vent à produire des mouvements périodiques, aussi on ne doit les employer que dans un très-petit nombre de cas.

On peut observer que les deux extrémités d'un même diamètre se meuvent en sens contraire. Donc deux roues A, B (*fig.* 116),

Fig. 116. — Roues incomplètement dentées.

placées l'une à droite, l'autre à gauche d'une même roue menante M, tourneront en sens contraire. Si l'on ne munit de dents qu'une partie de la circonférence de la roue menante, les deux roues menées se mouvront alternativement en sens contraire l'une de l'autre.

Cette disposition a été employée avec peu de succès pour faire mouvoir les deux pistons de la machine pneumatique.

Si les deux roues menées n'ont pas le même diamètre, elles auront des vitesses différentes, et on obtiendra ainsi un mouvement alternatif à retour rapide.

Cette dernière disposition est rarement employée. On en trouve un exemple dans le météorographe construit par le Père Secchi, directeur de l'Observatoire de Rome.

204. **Crémaillère.** — Si la roue menée a un diamètre infiniment grand, une portion de sa circonférence se confond avec une ligne droite : ce mode d'engrenage s'appelle *crémaillère*.

La crémaillère est principalement employée dans le *cric*.

Cette machine, dont l'origine remonte à une époque reculée, sert à élever les fardeaux à une petite hauteur. Une manivelle reçoit l'action de la puissance. Un pignon transmet cette action à la crémaillère qui s'avance d'autant plus lentement qu'il y a moins de dents à la circonférence du pignon.

CHAPITRE V.

LEVIERS.

205. **Expérience fondamentale.** — Soit un levier (*fig.*

Fig. 117. — Équilibre du levier.

117), c'est-à-dire une barre rigide ED suspendue ou soutenue par son milieu C et sur laquelle on a tracé les divisions du mètre.

Son centre de gravité étant en son milieu, cette barre reste dans une position horizontale.

Si l'on place des poids égaux à égale distance du point d'appui, l'horizontalité persiste.

Si au contraire on suspend des poids différents A, B, on voit que l'équilibre ne s'établit que quand les moments des deux poids sont égaux, c'est-à-dire quand le produit du premier poids A par sa distance AC au point d'appui est égal au produit du second poids B par sa distance BC au point d'appui.

Le théorème de Varignon (91) permettait de prévoir cette

propriété. Comme les arcs parcourus par les poids suspendus sont proportionnels aux longueurs des bras auxquels ils sont fixés, on voit que cette propriété du levier se rattache au principe fondamental de l'égalité du travail moteur et du travail résistant (129).

Suivant les positions respectives de la puissance, de la résistance et du point d'appui, on distingue trois genres de leviers.

206. **Leviers du premier genre.** — Un levier est du premier genre, quand le point d'appui est entre la puissance et la résistance.

Si la distance de la puissance au point d'appui est plus grande que la distance de la résistance à ce même point, on obtient, par le levier, une multiplication de force plus ou moins considérable.

Exemple, la pince des paveurs (*fig.* 118), le fléau de la balance-bascule.

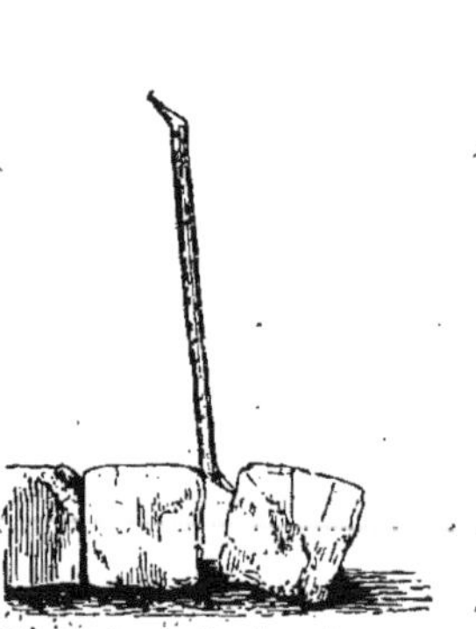

Fig. 118. — Levier du premier genre. — Pince des paveurs.

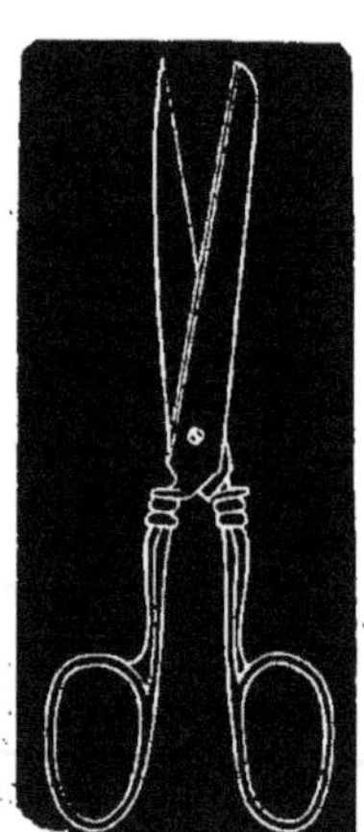

Fig. 119. Ciseaux des tailleurs.

Très-souvent deux leviers du premier genre sont réunis sur un même pivot, comme dans les ciseaux des tailleurs et des ouvrières (*fig.* 119), les sécateurs des jardiniers, les cisailles des chaudronniers.

Quand la résistance que l'on veut couper est considérable, on augmente la longueur des branches sur lesquelles on agit et on diminue la longueur des lames, pour obtenir une plus grande multiplication de la force.

207. **Leviers du second genre.** — Dans les leviers du second genre, le point d'appui est à une extrémité, la puissance agit sur l'autre extrémité ; la résistance a son point d'application entre la puissance et le point d'appui. Avec ces leviers, la puissance est toujours plus petite que la résistance.

La brouette, qui passe pour avoir été inventée par Pascal

Fig. 120. — Levier du second genre. — Brouette.

(*fig.* 120), est un levier du second genre. La puissance agit à l'extrémité des bras, la résistance est rapprochée du point d'appui placé sur l'axe de la roue.

Les casse-noisettes (*fig.* 121) sont une réunion de deux leviers du second genre.

Fig. 121. — Casse-noisettes.

208. **Leviers du troisième genre.** — Si la puissance est placée entre le point d'appui et la résistance, le levier est du troisième genre. Dans ce cas, la puissance est toujours plus grande que la résistance. Ces leviers sont moins avantageux que

ceux des deux premiers genres pour vaincre des résistances considérables ; par compensation, ils donnent une augmentation de vitesse. La nature les a employés de préférence dans l'organisation des membres des animaux. Le point d'appui B (*fig.* 122) étant l'articulation, les muscles extenseurs ou fléchisseurs C viennent s'insérer sur les os à peu de distance de l'articulation : l'extrémité du membre A est la résistance. Une contraction musculaire qui déplace très-peu l'os sur l'articulation, fait parcourir un chemin considérable à l'extrémité du bras ou de la jambe.

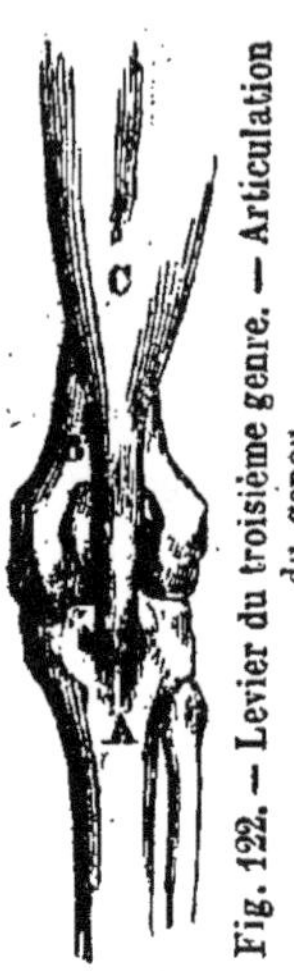

Fig. 122. — Levier du troisième genre. — Articulation du genou.

Les pincettes (*fig.* 123) sont formées par la réunion de deux leviers du troisième genre. Elles ne peuvent pas remplacer les pinces et les tenailles pour retenir des résistances considérables.

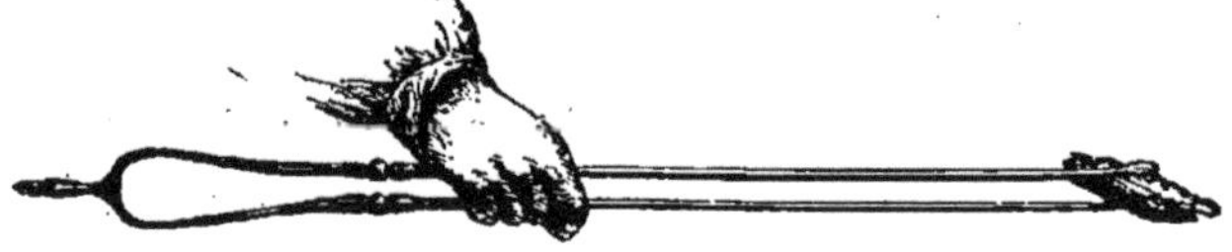
Fig. 123. — Pincettes.

209. **Leviers combinés.** — On peut combiner les leviers de bien des manières différentes pour produire des effets très-variés.

Les principales combinaisons de leviers sont :

Le parallélogramme de Roberval.

La bascule de Quintenz.

Le parallélogramme de Watt.

Le parallélogramme d'Evans.

210. **Parallélogramme de Roberval.** — Un support S (*fig.* 124) porte deux leviers parallèles *ig*, *lh* et dans un même plan vertical. On réunit les extrémités de ces leviers par deux tiges *a*, *b*, de même longueur, articulées à leurs extrémités. Ces

quatre pièces forment un parallélogramme. Chacune des tiges *a*, *b*, porte un levier horizontal *c*, *d* qui lui est invariablement fixé. A chacun de ces derniers leviers on suspend des poids égaux *e*, *f*. Ces poids ont la même action sur la tige, qu'ils soient placés en dedans ou en dehors du parallélogramme ; ils se font donc équilibre, bien qu'ils ne soient pas à égale distance de l'axe vertical qui porte les deux premiers leviers.

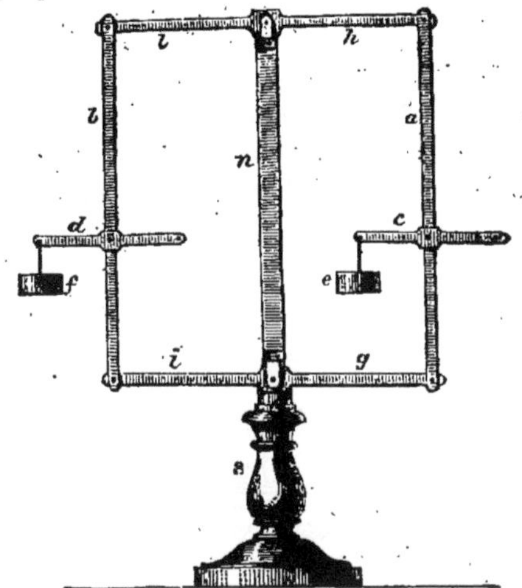

Fig. 124. — Parallélogramme de Roberval.

Cette propriété remarquable a reçu de Roberval une très-belle application à la construction des balances. La balance de Roberval est actuellement universellement employée.

Les griffes à quatre branches qui doivent porter les plateaux (*fig.* 125) sont fixées aux tiges verticales articulées par leurs ex-

Fig. 125. — Balance de Roberval.

trémités aux deux leviers horizontaux. Les corps que l'on met dans les plateaux peuvent occuper telle position que l'on voudra sur ces plateaux sans que le moment de leur action soit changé.

211. **Leviers articulés de Quintenz.** — La balance de Quintenz ou *bascule* s'emploie dans les gares de chemins de fer, aux octrois, dans le commerce, et généralement partout où l'on veut peser rapidement des fardeaux considérables.

On place le corps à peser sur un tablier horizontal AB (*fig.* 126). Pour qu'il pèse également, quel que soit le point du

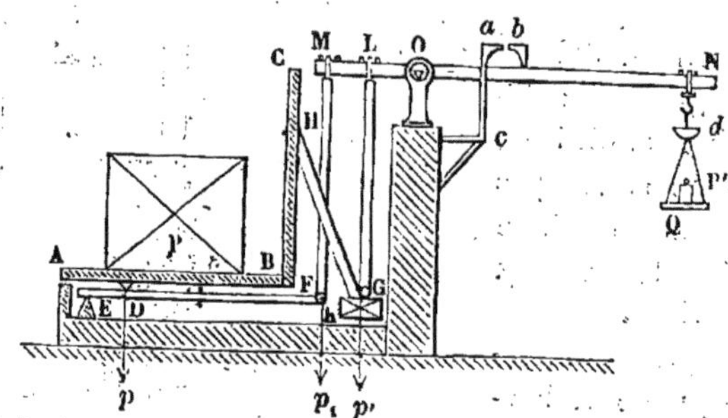

Fig. 126. — Balance de Quintenz.

tablier où on le place, il faut, d'après le théorème fondamental de l'égalité du travail moteur et du travail résistant, que tous les points du tablier se déplacent également.

Une des extrémités du tablier est fixée au petit bras du fléau, par l'intermédiaire de la tige verticale LG et de la tige oblique GH. Si le point L parcourt 1 centimètre, l'extrémité CB du tablier se soulève également de 1 centimètre. Pour soulever l'autre extrémité A, on prolonge le bras du fléau suivant LM et on adapte, en M, une tige verticale MF qui s'articule au sommet d'un triangle horizontal en fer EF, placé sous le tablier AB, et mobile autour de sa base E; si le fléau prolongé OM est cinq fois plus long qu'il n'était d'abord OL, son extrémité M parcourt cinq centimètres. Le sommet F du triangle se soulève de cinq centimètres, et deux points Q placés sur les côtés, au cinquième de leur longueur à partir de la base du triangle, ne se soulèveront que de un centimètre. En ces points, on place les couteaux sur lesquels on pose le tablier. Le tablier se soulève verticalement, et tous ces points parcourent le même chemin que le point L du fléau. Le corps placé sur le tablier agit donc comme si son centre de gravité était en L.

212. **Parallélogramme articulé de Watt.** — Watt découvrit, par l'expérience, la combinaison de leviers qui porte son nom. Ayant attaché la tête d'un piston B (*fig.* 121) à l'extré-

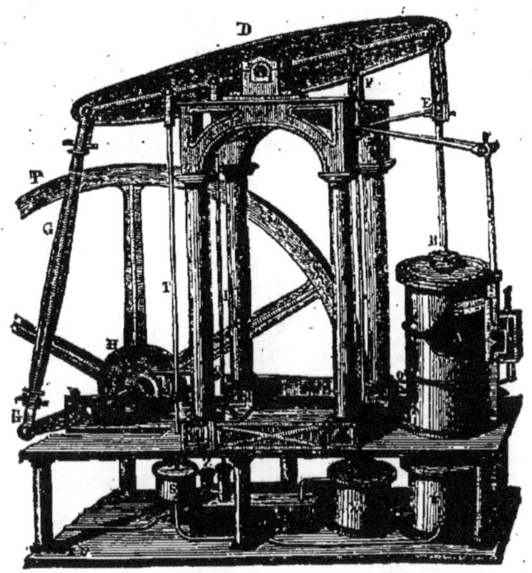

Fig. 127. — Machine à vapeur de Watt.

mité d'un balancier D, par l'intermédiaire d'un parallélogramme articulé EF, il remarqua que quand il forçait le point E à parcourir une ligne droite, l'extrémité de la tige F parcourait un arc de cercle ; — il en conclut que, réciproquement, si l'extrémité de la tige F décrivait un arc de cercle, le point E décrirait une ligne droite. Pour faire parcourir à l'extrémité de la tige F un arc de cercle, il suffit de l'atirculer à une tige mobile autour d'un point fixe.

La tête E du piston ne parcourt pas rigoureusement une ligne droite, mais une courbe ayant la forme d'un 8 très-allongé que les géomètres appellent une *lemniscate*.

Si l'on joint le sommet E du parallélogramme au centre D

d'oscillation du balancier, l'intersection de cette ligne avec le côté F du parallélogramme est un point F qui possède aussi la propriété de décrire une ligne droite. On en profite toujours pour y adapter la tige d'une pompe.

213. **Parallélogramme simplifié de Watt.** — La remarque que nous venons de faire sur le mouvement rectiligne du second point F explique le parallélogramme simplifié. Ne gardons de la construction précédente que la partie du balancier comprise entre le centre d'oscillation et la tige F, la tige mobile et la tige F (*fig.* 128). Le parallélogramme se réduit à la figure *f*,

Fig. 128. — Parallélogramme simplifié de Watt.

a, c, b, o, en forme de Z, dont le point *c* décrit une ligne droite.

On peut souhaiter de voir cet utile perfectionnement mieux connu et plus employé par les industriels.

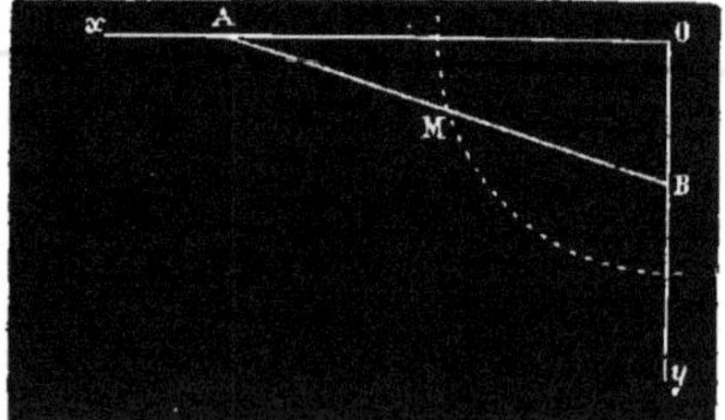

Fig. 129. — Principe du parallélogramme d'Evans.

214. **Parallélogramme articulé d'Evans.** —Le parallélogramme d'Evans est une application du théorème suivant.

Étant donnés deux axes rectangulaires *ox* et *oy* (*fig.* 129), si l'on fait glisser sur ces axes une règle de longueur constante AB, le milieu M de la règle décrit un arc de cercle dont le centre est à l'intersection O des deux axes; et réciproquement, si une règle glisse sur un axe et que son milieu décrive un arc de cercle, l'autre extrémité de la règle décrit une droite perpendiculaire au premier axe.

Remplaçons la ligne AB par un balancier OT (*fig.* 130). Son

Fig. 130. — Machine à vapeur d'Evans.

milieu *b*, guidé par les deux tiges *ab* articulées autour des points fixes, décrira un arc de cercle.

L'autre extrémité O du balancier est articulée à une longue tige OS, et décrit un petit arc de cercle qui se confond sensiblement avec une ligne droite. Donc l'extrémité T du balancier décrira une ligne droite, et pourra recevoir directement l'action de la tête du piston.

215. **Résumé.** — D'après ces exemples, on voit que les leviers combinés peuvent être employés avantageusement pour modifier les forces ou les mouvements qu'ils transmettent.

Les poulies, les roues dentées peuvent être assimilées à des leviers. Quand deux roues solidaires et de diamètres différents sont fixées à un même axe, les poids appliqués à leur circonférence doivent être inversement proportionnels aux rayons pour qu'ils puissent se faire équilibre. La préférence que l'on donne aux roues dentées sur les leviers tient à ce que les mouvements des roues sont continus et que ceux des leviers sont alternatifs.

CHAPITRE VI.

DU TREUIL.

216. **Transmission du travail par le treuil.** — Une roue clavetée sur un arbre mobile dans deux paliers fixes forme un treuil.

Soit P la puissance qui agit à la circonférence de la roue. Cette puissance parcourt le chemin $2\pi R$ quand la roue fait un tour.

Dans le même temps la résistance P' appliquée à la circonférence de l'arbre parcourt le chemin $2\pi R'$. En égalant le travail moteur au travail résistant, on a :

$$P \times 2\pi R = P' \times 2\pi R';$$

simplifiant

$$P R = P' R'$$

$$\text{ou} \quad \frac{P}{P'} = \frac{R'}{R}$$

la puissance est à la résistance comme le rayon de l'arbre est au rayon de la roue.

Le treuil fournit donc une multiplication de force très-remarquable. Aussi son usage est très-répandu.

217. **Roue de carrière.** — Ce treuil (*fig.* 131) est très-avantageux ; l'homme qui le manœuvre n'a d'autre travail musculaire à développer que celui qui est nécessaire pour élever son corps sur les chevilles de la roue.

Une force peut toujours être transportée en un point quelconque de sa direction. On doit donc considérer le poids de l'homme comme étant appliqué sur le diamètre horizontal de la

Fig. 131. — Roue de carrière.

roue. A mesure qu'il s'élève sur la roue, la distance horizontale de son poids au centre de la roue augmente; il agit en quelque sorte sur un levier plus long, sa force augmente.

Quand il a atteint l'extrémité du diamètre horizontal, il produit le plus grand effet possible; dès qu'il dépasse cette position, la distance horizontale au centre de la roue diminue, la force diminue.

La résistance à vaincre est un poids attaché à l'extrémité d'une corde enroulée sur l'arbre. Ce poids s'élève d'autant plus lentement que le diamètre de l'arbre est plus petit.

Le treuil transforme le mouvement circulaire continu de la puissance en un mouvement rectiligne continu de la résistance.

au
ar-
ès-
vail
ver
nel-

218. **Treuil des puits.** — Ce treuil (*fig.* 132) diffère de la roue de carrière par la substitution d'une manivelle à la roue à cheville. Le chemin parcouru par la puissance est généralement le double ou le triple du chemin parcouru par la résistance ; la puissance est ainsi doublée ou triplée.

Fig. 132. — Treuil des puits.

219. **Cabestan.** — Le cabestan (*fig.* 133) est un treuil dont l'arbre A est vertical. On fait tourner l'arbre au moyen de leviers horizontaux ED. On augmente la longueur et le nombre des leviers quand les résistances à vaincre deviennent plus considérables.

Fig. 133. — Cabestan.

220. **Treuil à rochet.** L'arbre du treuil se termine par une roue dentée en scie (*fig.* 134).

Un levier mobile porte un doigt articulé dont le crochet mord sur les dents de la roue quand on abaisse le levier. Ce crochet glisse sur le dos des dents, quand on élève le levier. Un autre doigt, porté par le bâtis, s'engage aussi dans cette roue pour l'empêcher de tourner en sens contraire pendant que l'ouvrier relève le levier.

Un frein à ruban est généralement adapté à ce treuil pour régler la vitesse des fardeaux qu'on doit faire descendre.

Fig. 134. — Treuil à crochet.

221. **Le manége des maraîchers et le manége à point d'appui inférieur** sont des treuils modifiés ; le premier divise la vitesse en augmentant la force motrice, le se-

Fig. 135. — Manége des maraichers.

cond multiplie la vitesse en diminuant la force motrice. Ce dernier est très-employé dans les exploitations agricoles.

222. **Chèvre.** — La chèvre est une combinaison du treuil et de la poulie.

On en fait un usage très-fréquent dans les travaux de charpente et de maçonnerie.

Ses qualités sont : la simplicité, la solidité, et surtout la facilité avec laquelle elle se démonte et se remonte. On peut la transporter et l'établir dans les points les plus difficilement accessibles. De là le nom de *chèvre*, que la reconnaissance populaire lui a donné et conservé.

223. **Grue.** — Établie primitivement sur le bord des rivières (*fig.* 136) pour embarquer et débarquer les matériaux

Fig. 136. — Grue.

de construction, cette machine prit le nom de l'oiseau aux longs pieds et au long cou auquel elle ressemblait.

Une grue est de première classe, quand elle est maintenue par son extrémité inférieure et son extrémité supérieure.

Elle est de seconde classe, quand elle n'est maintenue que par son extrémité inférieure.

224. **Grue de première classe à portée fixe.** — Elle est formée d'un arbre vertical A (*fig.* 137) muni de deux pivots qui tournent l'un dans une crapaudine scellée dans le sol, l'autre dans un gond boulonné sur la charpente du plafond. Cet arbre porte un treuil et une potence horizontale terminée par une poulie. Cet appareil permet d'élever les fardeaux et de leur faire décrire une surface cylindrique.

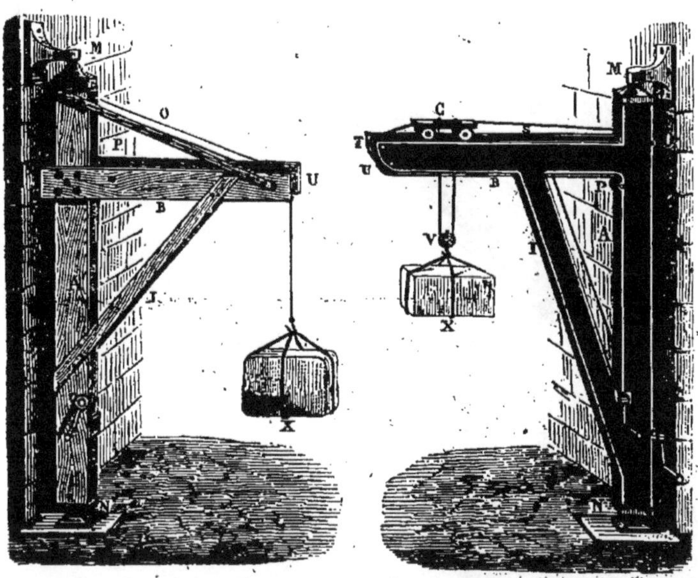

Fig. 137.— Grue de première classe à portée fixe.

Fig. 138.— Grue de première classe à portée variable.

225. **Grue de première classe à portée variable.** — Cette grue ne diffère de la précédente qu'en ce que la poulie peut être déplacée sur la potence au moyen d'un second treuil pour varier la portée suivant les besoins (*fig.* 138).

226. **Grue de seconde classe.** — Elle n'exige pas de point d'appui supérieur au sol. L'arbre principal est peu élevé. La volée part de la base et est consolidée par des tirants en fer qui relient son extrémité avec l'extrémité supérieure de la colonne qui porte le treuil.

Fig. 139. — Grue de deuxième classe.

Pour les charges considérables, on remplace la poulie fixe à l'extrémité de la volée par une poulie mouflée, et on manœuvre le treuil par l'intermédiaire d'un pignon.

227. **Grue mobile ou treuil roulant.** — Cette machine se compose d'un bâtis en charpente porté par des roues qui peuvent parcourir des rails (*fig.* 140).

Fig. 140. — Treuil roulant.

Sur le bâtis, on a placé deux autres rails sur lesquels on peut faire rouler un treuil. On peut ainsi faire parcourir à un corps pesant les trois dimensions de l'espace, en déplaçant le bâtis et le treuil. Ces trois mouvements sont souvent donnés par une machine à vapeur portée par le bâtis.

Cette machine porte encore le nom de grue; elle s'éloigne pourtant beaucoup du type primitif que nous avons indiqué. De même, dans toutes les industries, on peut remarquer que les machines sont à leur origine une copie de la nature; cette disposition primitive se modifie peu à peu. Il se produit quelque chose d'analogue à ce que l'on observe dans l'histoire de l'*écriture* qui, après avoir été dans l'origine la reproduction par le dessin des objets que l'on voyait, s'est transformée peu à peu et est devenue alphabétique.

CHAPITRE VII.

PLAN INCLINÉ.

228. **Transmission du travail par le plan incliné.** — Si au lieu d'élever un corps verticalement on le fait monter sur un plan incliné, on augmente le chemin qu'il parcourt ; et comme on gagne en force ce que l'on perd en vitesse, la puissance nécessaire pour élever un poids constant doit être d'autant plus diminuée que le plan incliné qu'on lui fait parcourir a une plus grande longueur.

Pour le démontrer par l'expérience (*fig.* 141), on place un chariot chargé E au bas d'un plan incliné D. Une corde, attachée à ce chariot, passe sur une poulie I fixée au sommet du

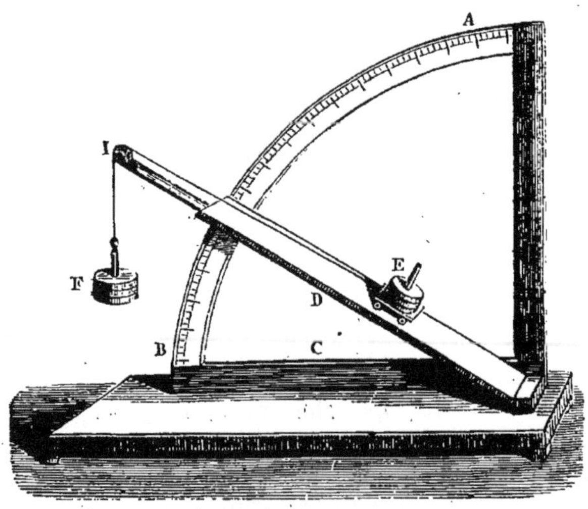

Fig. 141. — Plan incliné.

plan incliné et se termine par un contre-poids F. On donne au plan différentes inclinaisons, et, dans tous les cas, on observe que le produit du poids du chariot par la hauteur verticale à laquelle on l'élève est égal au produit du contre-poids par la longueur du plan incliné.

Ce fait est encore une application du théorème fondamental de l'égalité entre le travail moteur et le travail résistant.

229. **Conséquence.** — Si le plan est horizontal, le contre-poids est nul. Car, pour satisfaire à l'égalité :

$$PH = P'H',$$

il faut que P' soit égal à O si H = O. Si le plan est incliné à 30°, sa hauteur est la moitié de sa longueur. Le contre-poids P' est la moitié du poids P du chariot. Si le plan est vertical, le contre-poids P' est égal au poids P du chariot, car la hauteur H du plan incliné est égale à sa longueur.

230. **Application. — Théorie du coin.** — En faisant glisser un plan incliné *f* (*fig.* 142) sous une tige mobile *ab* maintenue par des guides *cd*, on observe que cette tige se meut d'un mouvement rectiligne uniforme, perpendiculaire au mouvement rectiligne uniforme du plan incliné.

Fig. 142. — Théorie du coin.

Cette propriété est utilisée dans le *coin*.

Le coin est essentiellement formé de deux plans inclinés réunis par leurs bases. La somme des hauteurs des deux plans inclinés forme la *tête du coin*.

Quand le coin s'enfonce d'une quantité égale à sa longueur, il écarte la résistance, perpendiculairement à cette direction, d'une quantité égale à la largeur de sa tête. Plus l'angle du coin sera aigu, plus le coin aura de puissance (*fig.* 143).

Fig. 143. — Coin.

Il est impossible d'évaluer exactement la puissance pratique de cette machine. Cela tient au frottement très-considérable du coin contre les résistances qu'il sépare, et plus encore à la nature des forces motrices qu'on emploie pour faire enfoncer le coin. Ces forces motrices sont généralement des percussions, c'est-à-dire des forces vives, la résistance est généralement la cohésion. On ne peut établir avec certitude aucune comparaison entre deux forces de genres aussi différents.

Le coin est très-précieux pour exercer une force énorme sur un très-petit espace On l'emploie principalement pour fendre le bois et les pierres. — Dans les fabriques d'huile on emploie quelquefois le coin pour extraire l'huile des grains. On renferme les grains dans des sacs de crin placés entre des ais de bois dur. En enfonçant des coins entre ces ais on développe une pression tellement intense que les graines se prennent en masses presque aussi solides que le bois.

Les haches, les couteaux, les rasoirs, les ciseaux, les alênes, les aiguilles, les clous agissent à la façon du coin; l'acuité de leur tranchant ou de leur pointe est limitée par la condition de conserver à l'outil une résistance suffisante. L'angle est de 30° dans les outils destinés à couper le bois, de 50° à 60° pour le fer, de 80 à 90° pour le cuivre. Les outils qui doivent agir par pression sont plus aigus que ceux qui doivent agir par percussion.

La scie, les hache-paille, les cisailles des tôliers, la guillotine, doivent leur tranchant aux propriétés du coin.

Les services qu'on tire du *coin* dépendent quelquefois des frottements très-considérables qui se produisent entre la surface du coin et le corps dans lequel il pénètre. C'est ce frottement qui retient les clous et les empêche de ressortir après qu'on les a enfoncés. Sans ces frottements, les coins, enfoncés dans le bois à coups de marteau, ressortiraient dans l'intervalle d'un coup à l'autre, par suite de l'élasticité du bois. Le frottement arrête le coin, comme un cliquet arrête un rouage, et il est d'autant plus indispensable que les intermissions de la puissance sont plus sensibles.

CHAPITRE VIII.

DE LA VIS.

231. **Des lames héliçoïdales.** — La vis se rattache à la théorie du plan incliné, parce que l'hélice est engendrée par l'hypoténuse d'un triangle rectangle enroulé sur un cylindre.

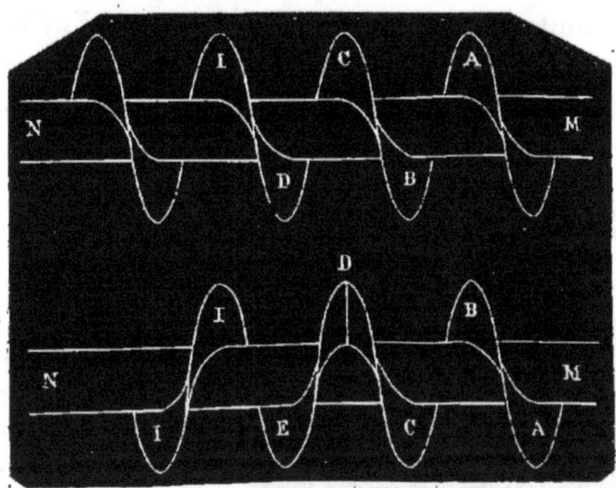

Fig. 141. — Lames héliçoïdales.

En donnant au profil du filet de la vis la forme d'un coin, on obtient un instrument tranchant (*fig.* 144) qui peut agir d'une manière continue. Ces lames héliçoïdales tournantes sont employées pour tondre les draps. Elles présentent l'inconvénient de rejeter de côté les objets sur lesquels elles agissent, quand ces objets ne sont pas parfaitement maintenus. On a paré à cet inconvénient en formant les tondeuses de deux hélices de sens contraire partant des deux extrémités M, N du cylindre et se rejoignant en son milieu D.

Chacune des deux parties de l'hélice possède la propriété de

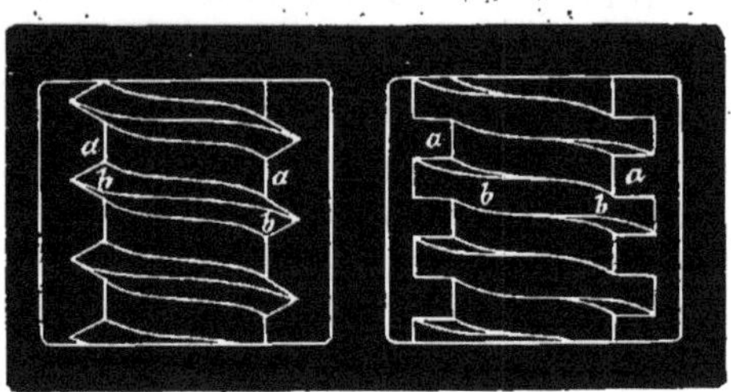

Fig. 145. — Écrou.

pousser vers les extrémités du cylindre les objets qu'on soumet à son action. Ces objets s'étalent sous l'hélice. Cette disposition est employée dans les machines à mégisser les pelleteries. Les peaux, débarrassées de leurs poils, sont placées sur une table mobile en fonte ; dès qu'elles s'engagent sous l'hélice, elles s'étalent sur la table et l'hélice tranche rapidement les débris de chair ou de graisse qui restent adhérents à la face inférieure de la peau.

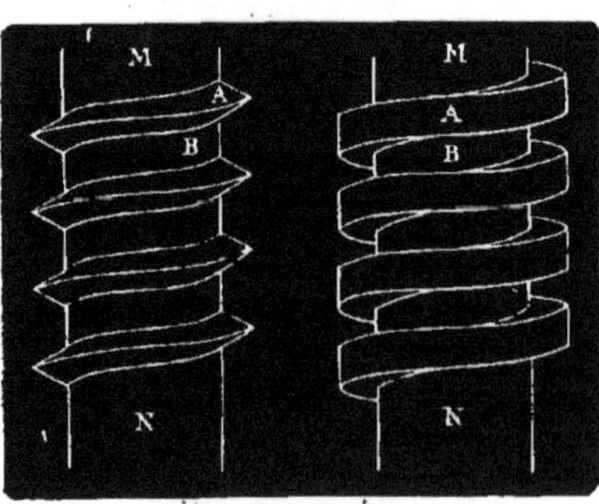

Fig. 146. — Vis.

232. **De la vis.** — Le filet d'une vis a généralement pour profil un carré ou un triangle (*fig.* 146).

Ce filet saillant s'engage dans un cylindre creux (*fig.* 145) dont la face intérieure est sillonnée par un filet creux en spirale qui correspond exactement au filet saillant de la vis. Ce cylindre creux s'appelle un *écrou*.

Il y a plusieurs manières de mettre en jeu cet appareil.

1. — *L'écrou est fixe, et la vis reçoit un mouvement de rotation au moyen d'un levier ou d'une poulie implantée à son extrémité.* — *La vis s'avance alors d'un mouvement rectiligne uniforme.* Quand la vis fait un tour sous l'influence de la puissance, elle avance dans l'écrou d'une quantité égale à son pas. Soit R le rayon de la roue, ou le bras de levier sur lequel la puissance P agit. Le travail moteur correspondant à un tour de la vis est

$$P \times 2\pi R.$$

Soit h la hauteur du pas, c'est-à-dire la distance de deux spires consécutives, et soit P' la résistance; le travail résistant qui correspond à un tour de la vis est $P'h$. — On égale le travail moteur au travail résistant et l'on a

$$P \times 2\pi R = P'h$$

ou

$$\frac{P}{P'} = \frac{h}{2\pi R};$$

La puissance est à la résistance, comme la hauteur du pas est à la circonférence décrite par la puissance. La puissance n'est ainsi qu'une fraction très-faible de la résistance. La vis fournit donc une multiplication de force très-considérable. De là son emploi dans la construction des presses (*fig.* 147) qui servent à exprimer les liquides renfermés dans les substances solides, à réduire à un petit volume, pour la commodité du transport, les marchandises légères comme le

Fig. 147. — Presse à vis.

foin. Cette même vis était employée autrefois pour fixer, sur le papier, l'encre déposée sur les caractères d'imprimerie et pour former des empreintes sur les métaux ou des timbres sur le papier.

Le tire-bouchon, la vrille, les vis employées pour assembler le bois (*fig.* 148) sont encore des hélices animées d'un mouvement de rotation dans un écrou fixe et éprouvant un déplacement rectiligne dans le sens de leur longueur.

Les hélices des bateaux à vapeur se rattachent au même type.

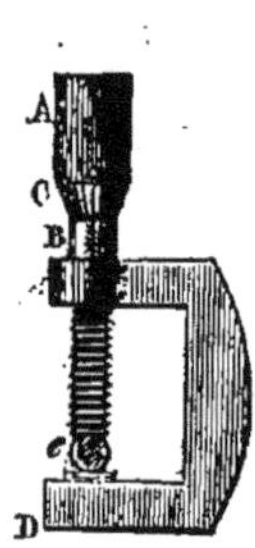

Fig. 148.— Vis des menuisiers.

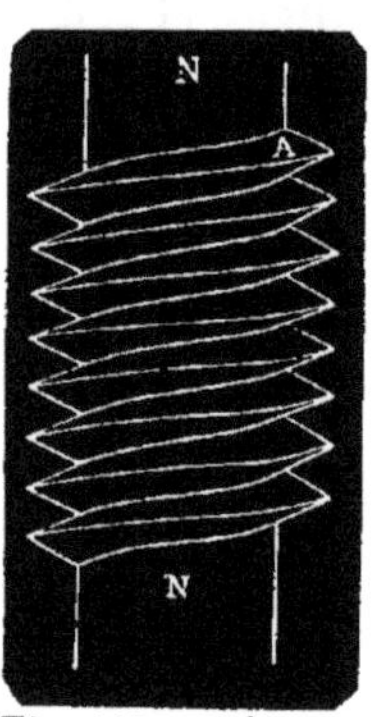

Fig. 149. — Hélice.

Sous l'influence de la force motrice, elles tournent dans l'eau représentant un écrou fixe et se déplacent dans le sens de leur longueur en faisant avancer le navire auquel elles sont unies.

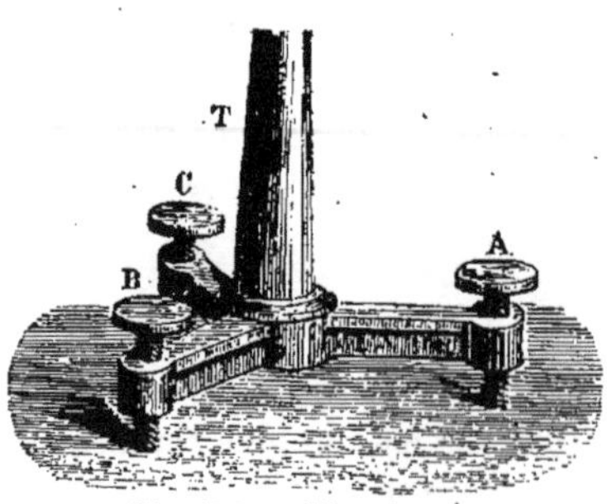

Fig. 150. — Vis calantes.

2. — *La vis tourne, étant maintenue par ses extrémités, l'écrou en reçoit un mouvement de déplacement rectiligne.*

Le déplacement longitudinal de l'écrou est généralement très-lent relativement au mouvement de rotation de la vis.

Cette disposition s'emploie avec un grand succès dans les instruments de précision. Les vis calantes (*fig.* 150) de la plupart des instruments de physique sont une belle application de ce principe. — Soit aussi une lentille que l'on veut *mettre au point* de manière à obtenir des images réelles ou virtuelles très-nettes. On attache cette lentille à l'écrou d'une vis; en faisant tourner la vis, on déplace la lentille d'une quantité relativement très-petite. Il faut, ordinairement, que la vis fasse un tour pour que la lentille se déplace de 1 millimètre.

Dans l'industrie, cette disposition est souvent employée pour obtenir des mouvements rectilignes. On peut citer, comme exemple, *les métiers à barettes* employés dans la filature du lin.

Dans la filature du lin, on commence par produire, sur les cardes, des rubans formés de filaments nombreux réunis par une faible torsion. On soumet ensuite ces rubans à l'étirage, entre deux paires de cylindres. Les cylindres débiteurs tournent moins vite que les cylindres étireurs. Cette différence de vitesse

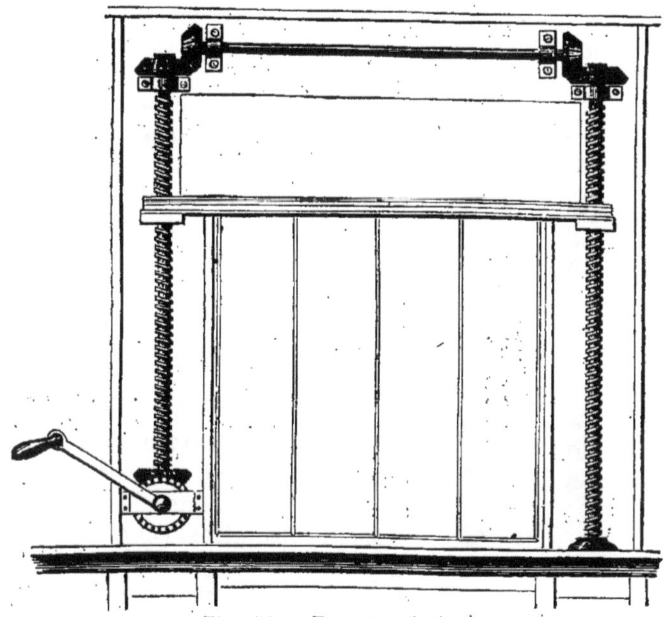

Fig. 151. — Fermeture à vis.

à l'entrée et à la sortie du métier détermine l'allongement du fil. Les filaments ne doivent pas être engagés à la fois entre les deux cylindres étireurs et les deux cylindres débiteurs, sans quoi ils se rompraient. On doit les écarter d'environ 50 centimètres. Mais, dans cet intervalle, le fil doit être soutenu. On le soutient au moyen de peignes verticaux portés par des barres horizontales appelées *barettes*, et l'on donne à ces barettes un mouvement de déplacement rectiligne en engageant leurs extrémités dans deux vis.

Les *fermetures en fer des magasins* (*fig.* 151), dont l'usage est maintenant si répandu, sont construites sur le même principe. La rotation de deux hélices détermine le mouvement longitudinal d'ascension ou de descente des lames horizontales formant fermeture et qui sont fixées aux écrous de ces hélices.

Il en est de même dans le *tour parallèle*, où le mouvement de rotation d'une hélice parallèle à l'axe de la pièce à tourner déplace lentement l'outil suivant la longueur de la pièce; de même dans l'*étau limeur*, dans la *machine à diviser*, etc.

On peut encore ramener au même type les *ventilateurs à lames héliçoïdales*. Leur mouvement de rotation détermine le déplacement rectiligne de la masse d'air dans laquelle ils se meuvent.

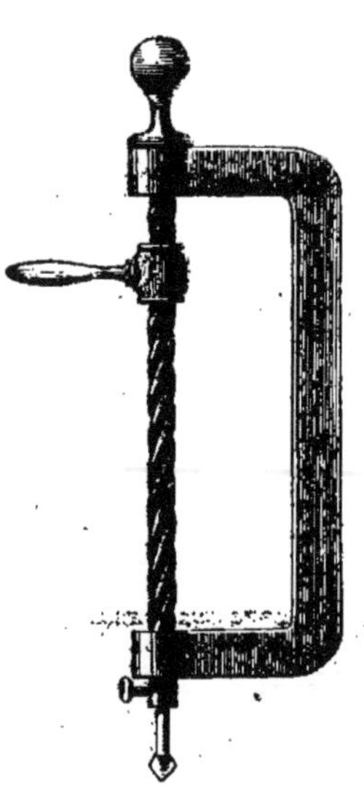

Fig. 152.— Foret à vis.

3. — *L'hélice étant maintenue par ses deux extrémités, l'écrou reçoit un mouvement de translation; l'hélice acquiert un mouvement de rotation.*

Cette disposition se rencontre dans quelques instruments de chirurgie; pour percer des dents, des os, faire l'opération du trépan, on ne peut se servir du vilebrequin comme le faisaient les anciens chirurgiens. Pour faire tourner le foret (*fig.* 152), sans l'appuyer trop fortement, on ménage des hélices très-allongées sur la longueur de sa tige, un écrou est engagé sur ces hélices. On maintient l'instrument de la main gauche, et de la main droite on fait glisser l'écrou longitudinalement en montant et en descendant. Le foret est animé d'un mouvement de rotation alternatif.

Les turbines (*fig.* 153) sont une application du même système. L'eau descend en colonne verticale sur des lames hélicoïdales.

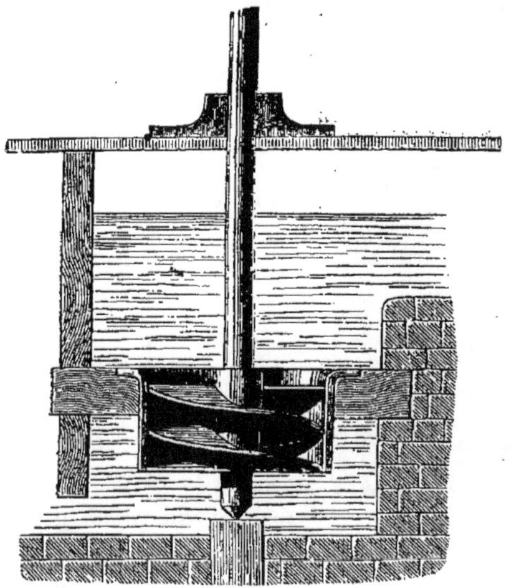

Fig. 153.— Turbines.

Celles-ci en reçoivent un mouvement de rotation qu'elles transmettent à l'arbre de couche de l'usine.

Il en est de même pour les *moulins à vent*; l'air animé d'un mouvement rectiligne de translation agit sur les faces hélicoïdales des ailes du moulin et détermine leur rotation.

233. **Vis sans fin.** — Au lieu d'être appliquée à un écrou, pour le faire mouvoir longitudinalement, la vis est appliquée quelquefois à une roue dentée, pour la faire tourner. Elle prend alors le nom de *vis sans fin*, parce que le mouvement de rotation de la roue peut se continuer indéfiniment (*fig.* 154).

La puissance agit sur la manivelle, et en faisant un tour, la vis sans fin A fait avancer la roue B d'une dent. La résistance est attachée à la circonférence de l'arbre de cette roue. Soit P la puissance, R le rayon de la manivelle, P′ la résistance, r le rayon de l'arbre de la roue qui porte n dents. L'égalité du travail moteur et du travail résistant est

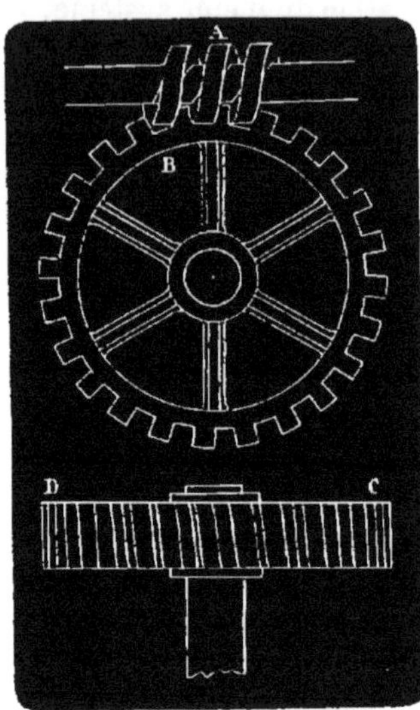

Fig. 151. — Vis sans fin.

$$P \times 2\pi R \times n = P' \times 2\pi r;$$

simplifiant

$$PRn = P'r,$$

ou

$$\frac{P}{P'} = \frac{r}{nR}:$$

la puissance est à la résistance, comme le rayon de l'arbre est au produit du rayon de la manivelle par le nombre des dents de la roue.

La *vis sans fin* sert : soit à multiplier l'effort de la puissance, comme dans quelques grues ; soit à diviser la vitesse, comme dans les métiers à filer ou dans la sirène.

La vis est généralement menante et la roue menée. Cependant, dans le ventilateur Dulché, la roue est menante et la vis sans fin placée sur l'arbre du ventilateur est menée. — Le ventilateur fait ainsi beaucoup plus de tours que la main de l'opérateur agissant sur la roue par une manivelle. — Dans ce cas, inverse du cas précédent, la vis sert à produire un grand accroissement de vitesse.

CHAPITRE IX.

EXCENTRIQUES. CAMES.

234. **Excentriques.** — Les excentriques sont encore une application du plan incliné. On a vu que si l'on fait glisser un plan incliné sous une tige mobile maintenue par des guides, cette tige s'élève ou s'abaisse suivant le mouvement du plan incliné (231).

On peut placer, à la suite les uns des autres (*fig.* 155), des

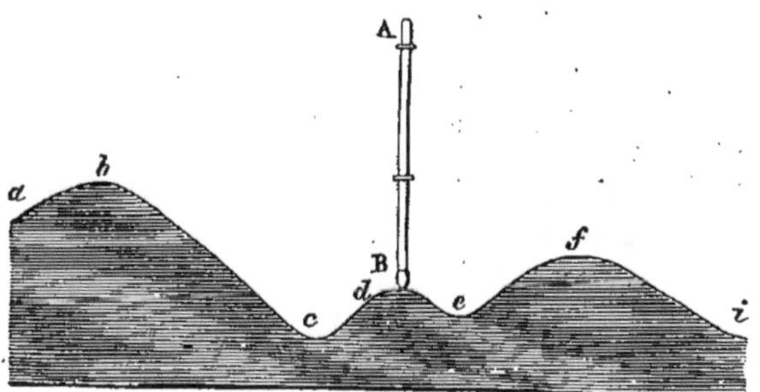

Fig. 155. — Théorie des excentriques.

plans diversement inclinés *a,b,c,d,e,f*; quand la bande ainsi découpée passe au-dessous de la tige AB, cette bande soulève la tige ou la laisse descendre de manière à produire les mouvements les plus variés. Un outil, qui serait lié à cette tige, suivrait les mêmes mouvements et reproduirait toutes les sinuosités du modèle. — Tel est le principe des machines que l'on emploie pour reproduire des objets sculptés, pour tailler les crosses des fusils, les sabots, etc.

Quand les mêmes mouvements doivent se reproduire périodiquement, on remplace le mouvement rectiligne de translation des plans inclinés, par le mouvement circulaire d'un disque dont les différents points à la circonférence ne sont pas à égale distance du centre de rotation. — Ces disques s'appellent des *excentriques*.

235. **Excentrique circulaire.** — Cet excentrique se compose d'un disque circulaire (*fig.* 156) tournant autour d'un point O qui n'est pas son centre. Ce point O partage le diamètre BD du disque en deux parties inégales OB, OD. Si l'on fait tourner le disque de un demi-tour, le galet A se soulève de la quantité OD — OB. Cette quantité est égale au diamètre d'un cercle qui aurait pour rayon l'excentricité, c'est-à-dire la distance du vrai centre C du disque au faux centre O autour duquel s'effectue la rotation.

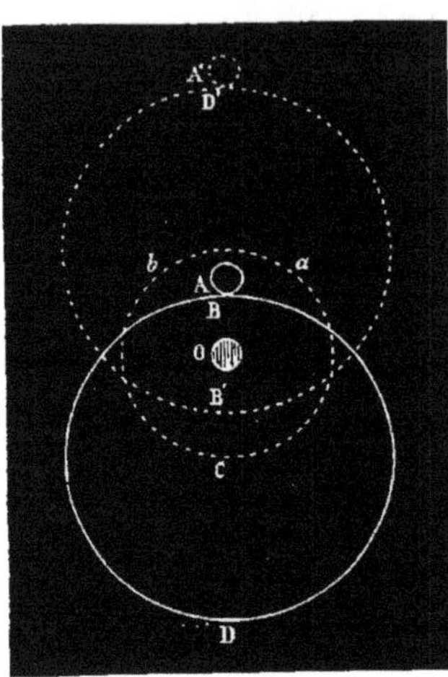

Fig. 156. — Excentrique circulaire

Pendant la révolution du disque autour du point O, tous les points de la circonférence qui passent successivement sous le galet, sont à une distance inégale du faux centre O; et tout corps qui, comme ce galet, est en contact avec la circonférence, reçoit un mouvement de va-et-vient.

L'excentrique circulaire est généralement entouré d'une bague métallique C, dans laquelle il tourne (*fig.* 157); des tangentes B, D à cette bague transmettent à distance le mouvement de va-et-vient. On rencontre un bel exemple de cette

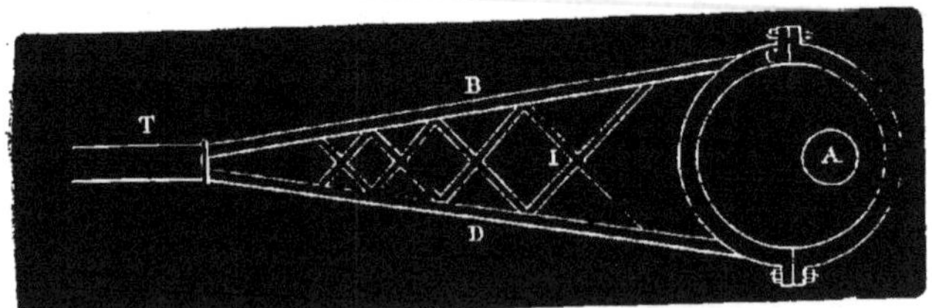

Fig. 157. — Excentrique circulaire de la machine à vapeur.

disposition dans l'excentrique qui règle la distribution de la vapeur dans le tiroir des machines à vapeur.

236. **Excentrique en cœur.** — On doit observer que, dans l'excentrique circulaire, les déplacements angulaires égaux ne produisent pas des déplacements rectilignes égaux. Le mouvement rectiligne est plus lent quand il approche de ses deux positions extrêmes, que quand il passe de l'une à l'autre de ces deux positions. Cette variation de la vitesse est très-utile dans certains cas, elle est nuisible dans d'autres. Le mouvement rectiligne uniforme s'obtient au moyen de *l'excentrique en cœur* (*fig.* 158).

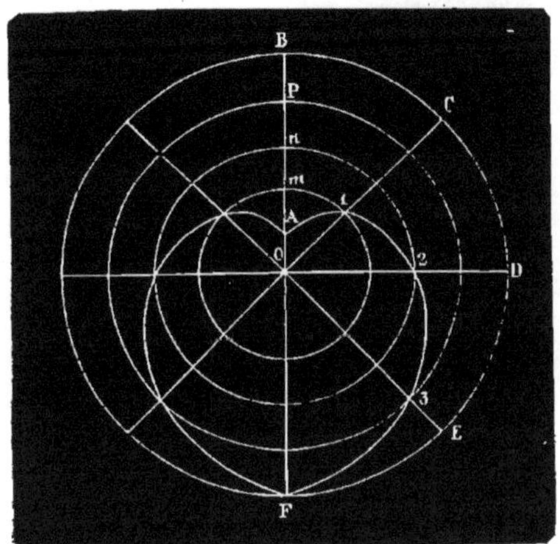

Fig. 158. — Excentrique en cœur.

Soit O le centre autour duquel la rotation doit s'effectuer, soit AB le déplacement rectiligne que l'on veut produire, on décrit la circonférence OB et on partage AB en quatre parties égales *m*, *n*, *p*. On mène, par le point O, quatre diamètres faisant entre eux des angles égaux. Sur le diamètre C, on porte une longueur égale à O*m*, sur le diamètre D une longueur égale à O*n*, sur le diamètre E une longueur égale à *op*. On relie les points A, 1, 2, 3, F, par un trait continu, et l'on a la moitié de l'excentrique en cœur. La seconde moitié est symétrique de la première.

Cet excentrique produit un mouvement uniforme. En effet, pour des déplacements angulaires égaux, la distance de son centre à son contour s'augmente de quantités égales.

On l'emploie surtout dans la filature pour guider le fil qui s'enroule sur les bobines. Un excentrique circulaire chargerait principalement les deux extrémités de la bobine.

237. **Excentriques intermittents ou à détente.** — Ces excentriques (*fig.* 159) sont formés de secteurs curvilignes AFE, BCD, réunis entre eux par des arcs de cercle AB, DE, dont le centre est sur l'axe de rotation I. L'excentrique de la *fig.* 159 est formé de deux diamètres AD, BD, se coupant sous un angle de 60° et interceptant la sixième partie de la circonférence. Entre ces deux diamètres on décrit les arcs AB, CD. En passant sous le galet, ces arcs ne le soulèvent pas. On raccorde les arcs par la courbe AD obtenue, comme dans l'excentrique en cœur, en augmentant la distance au centre de quantités égales pour des accroissements égaux de l'angle au centre.

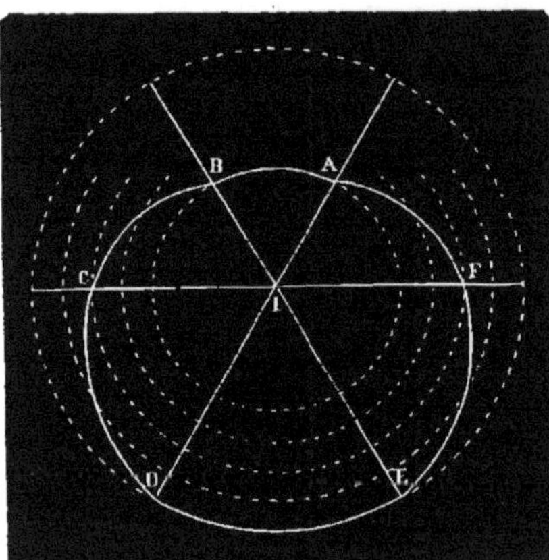

Fig. 159. — Excentrique à détente.

Pendant que la partie AE passe sous le galet, c'est-à-dire pendant le tiers d'une révolution, le galet se soulève ou s'abaisse d'un mouvement uniforme, puis il reste stationnaire pendant qu'il appuie sur les arcs AB ou DE.

238. **Excentriques de la machine à coudre.** — Cet excentrique se compose de plusieurs parties distinctes (*fig.* 160).

1° *L'arc de cercle ab.* Quand cet arc est parcouru par le galet, l'aiguille est relevée et reste en place.

2° *La courbe bc.* Cette courbe fait descendre l'aiguille lentement pour qu'elle puisse percer l'étoffe sans se rompre.

3. *L'arc de cercle cde*, qui est d'une étendue beaucoup plus considérable. — L'aiguille est au bas de sa course ; elle reste stationnaire pour que le fil qu'elle entraîne puisse être bouclé par un crochet.

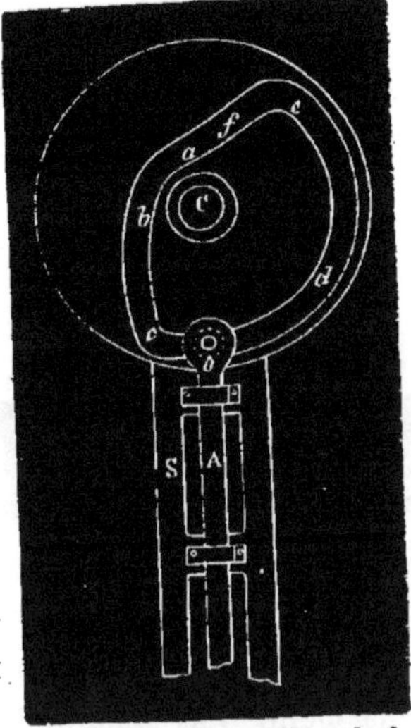

Fig. 160. — Excentrique de la machine à coudre.

4. *La courbe irrégulière efa*, qui relève l'aiguille très-rapidement.

La forme de cet excentrique se modifie suivant la nature du travail. C'est pour cette raison qu'une machine à coudre, très-bonne pour le travail des étoffes légères, ne peut convenir pour des étoffes épaisses.

239. **Cames.** — Les cames se rattachent aux excentriques. Elles servent principalement à soulever des pilons et à les laisser retomber de tout leur poids (*fig.* 161). On leur donne souvent la forme de développantes de cercle. — Elles s'engagent dans une ouverture B ménagée sur une partie de la longueur du pilon MN, le soulèvent, et dès qu'elles l'abandonnent, le pilon retombe. Aussitôt, une nouvelle came OD agit à son tour et produit une seconde fois le même effet. Un inconvénient de ces appareils est la variation de résistance que l'arbre éprouve continuellement. On a cherché à y remédier, en chargeant l'arbre de plusieurs pilons disposés de telle façon qu'à chaque instant

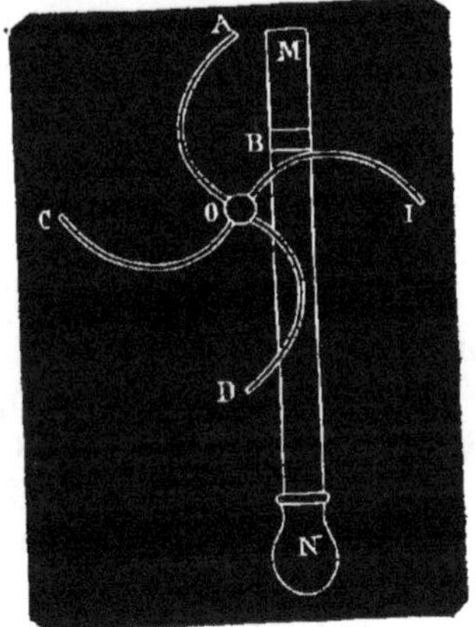

Fig. 161. — Came et pilon.

il y a un pilon qui retombe pendant que les autres sont aux différents points de leur course.

240. **Bielles et manivelles.**— La manivelle M (*fig.* 162)

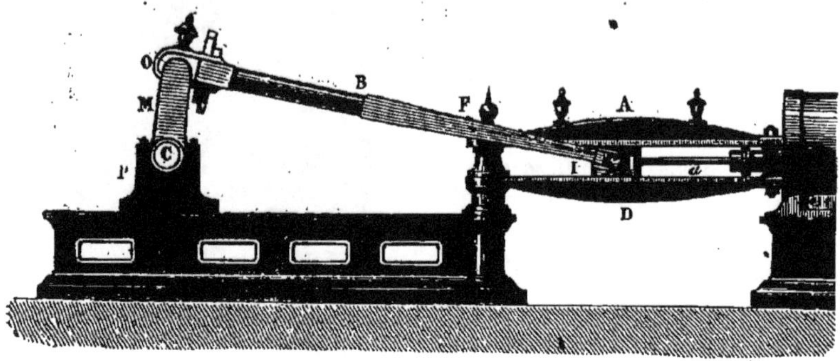

Fig. 162. — Bielles et manivelles.

placée sur un arbre C, agit à la façon d'un excentrique circulaire sur la bielle B avec laquelle elle est articulée. Le mouvement uniforme de rotation de la manivelle détermine le mouvement rectiligne varié de la bielle.

Souvent la bielle est menante et la manivelle est menée. — Cette disposition, servant à transformer un mouvement rectiligne alternatif en mouvement circulaire continu, se rencontre dans toutes les machines à vapeur.

241. **Conclusion.** — On voit par ce qui précède que le *coin*, la *vis*, les *excentriques*, les *cames*, ne sont que des applications du plan incliné.

On a déjà remarqué (216) l'analogie qui existe entre les *engrenages* et les *leviers*.

Toutes les machines simples peuvent donc être ramenées à deux types fondamentaux :

Le *levier*, — le *plan incliné*.

Cette simplicité présente une analogie très-remarquable avec les faits que l'on observe dans la nature des êtres organisés, où le Créateur a obtenu une extrême diversité dans les produits par les variations d'un nombre très-restreint d'organes fondamentaux.

TABLE DES MATIÈRES.

LIVRE IV. — Machines.

FIN.

www.ingramcontent.com/pod-product-compliance
Ingram Content Group UK Ltd.
Pitfield, Milton Keynes, MK11 3LW, UK
UKHW031047260726
13965UKWH00006B/691